U0812469

Study on Total Factor Productivity of China Commercial Banks

中国商业银行全要素生产率研究

姜永宏　著

暨南大學出版社
JINAN UNIVERSITY PRESS

中国·广州

图书在版编目（CIP）数据

中国商业银行全要素生产率研究/姜永宏著．—广州：暨南大学出版社，2018.9
ISBN 978－7－5668－2474－5

Ⅰ.①中…　Ⅱ.①姜…　Ⅲ.①商业银行—全要素生产率—研究—中国
Ⅳ.①F832.33

中国版本图书馆 CIP 数据核字（2018）第 216106 号

中国商业银行全要素生产率研究
ZHONGGUO SHANGYE YINHANG QUANYAOSU SHENGCHANLU YANJIU
著　者：姜永宏

出 版 人： 徐义雄
责任编辑： 曾鑫华　高　婷
责任校对： 林　琼　苏　洁
责任印制： 汤慧君　周一丹

出版发行： 暨南大学出版社（510630）
电　　话： 总编室（8620）85221601
营销部（8620）85225284　85228291　85228292（邮购）
传　　真：（8620）85221583（办公室）　85223774（营销部）
网　　址： http://www.jnupress.com
排　　版： 广州市天河星辰文化发展部照排中心
印　　刷： 广州市穗彩印务有限公司
开　　本： 787mm×960mm　1/16
印　　张： 11.25
字　　数： 215 千
版　　次： 2018 年 9 月第 1 版
印　　次： 2018 年 9 月第 1 次
定　　价： 38.00 元

（暨大版图书如有印装质量问题，请与出版社总编室联系调换）

前　言

近年关于全要素生产率的研究发展较快，研究方法日渐完善。因此，综合多种不同方法对我国商业银行全要素生产率进行系统、全面的分析，具有重大的理论意义与实践意义。

理论意义在于商业银行理论的建设方面。目前，在我国的金融市场上，商业银行一直处于金融组织结构中的主体地位，以银行借贷为主的间接融资仍然占据融资方式的主导地位。随着金融市场的进一步发展和完善，金融资产日益多元化且流动性增强，商业银行资产负债均大幅提高。而目前关于商业银行的大量研究主要集中在商业银行的经营实务方面。因此，加强商业银行全要素生产率的理论研究显得极为迫切。借鉴国外优秀的经验，结合中国商业银行理论发展的实际开展针对我国商业银行全要素生产率的研究，既是对以往学者研究缺漏的补充，也是提升我国商业银行理论建设的必要过程。

实践意义在于提高我国商业银行的竞争力。全要素生产率是商业银行在经营管理活动中所追求的主要目标之一。从微观角度看，它反映了单个银行对人力、资本等资源的利用效率；从宏观角度看，银行业整体的效率也反映了经济体对资本的配置能力。在这样的背景之下，商业银行对本土市场、信贷业务等的高度依赖，使得我国银行业的资产质量和经营业绩与国内整体经济运行发展变化具有较高的相关度。因此，提高我国商业银行全要素生产率，不仅对促进商业银行发展、维持整个国民经济发展和社会稳定起着至关重要的作用，而且也与提高资源配置的有效性、保障国家金融安全等重大问题息息相关，具有极其重要的实践意义。

本书致力于将理论分析和实证分析相结合，采用不同方法，测算中国商业银行的全要素生产率，将测算结果进行全面分析并试图回答以下问题：中国银行业在全球地位的提高究竟是靠规模取胜还是靠效率取胜，是否建立在全要素生产率提高的基础上？银行效率提升的真正驱动力是什么？中国商业银行未来的竞争优势在哪里？这些问题的研究与回答，对评价中国商业银行改革成效，认清中国商业银行的国际地位，启动新一轮商业银行改革，具有重要的理论价值与现实意义。本书重点对我国商业银行的规模效率和范围效率、商业银行效率的影响因素、不同商业银行全要素生产率测算方法等内容进行研究。希望本书的探索和研究，能为我国商业银行提高全要素生产率提供切实可行的建议与改进思路。

姜永宏

2018 年 6 月

目　录

1

导 论

1.1 问题的提出

2001 年，中国正式加入世界贸易组织（WTO），承诺逐步取消外资进入我国金融领域的限制。2007 年 4 月 2 日，经银监会批准，汇丰银行、渣打银行、东亚银行和花旗银行将在我国国内开设的分行改制为子行，可以从事全面外汇和人民币业务，包括对大陆境内居民的人民币业务，这意味着中外银行开始了全面竞争。加之近几年非金融机构通过互联网金融等创新方式抢占国内银行业的市场份额，致使我国商业银行面临着激烈的内外竞争局面。2008 年金融危机后，我国实体经济增速受阻；截至 2014 年，我国 GDP 实际增长率创下 24 年来的新低，达 7.4%。对于银行业来说，实体经济受损必然影响到银行信贷的投放，包括总体规模和信贷结构的变化。在此背景下，如何提高我国商业银行自身的竞争力，以适应国内外激烈的竞争环境和不利的实体经济环境，而商业银行效率的高低又集中体现了商业银行竞争力的强弱，一定程度上也体现了商业银行抗风险能力的强弱，因此商业银行效率研究依然成为学者们关注的焦点。

进入 21 世纪以来，中国深化了国有商业银行改革，通过国家注资、财务重组、剥离不良资产、引进合格境内外战略投资者、IPO（首次公开募股）等方式加快改革步伐。截至 2010 年 7 月，随着中国农业银行成功实现港股和 A 股上市，五大全国性的国有商业银行均已实现上市，并在 2010 年 8 月中国光大银行完成 A 股上市后，我国上市银行达到了 16 家。虽然中国商业银行改革取得了长足进步，但必须看到的是，中国商业银行改革时间还很短，内资商业银行在公司治理、经营模式、风险管控、生产效率等方面与国际先进银行还有很大差距。

效率反映了企业在经营活动中投入与产出或成本与收益之间的比例关系，从经济学角度来看，它反映的是企业在一定投入的条件下达到多大程度的产出最大化，或者说在产出一定的条件下能实现的最小投入。商业银行作为一种提供金融服务的特殊企业形式，如何提高经营管理效率和金融资源的配置能力是其在经营管理活动中所追求的主要目标之一。从微观角度来看，它反映了单个银行对人力、资本等资源的利用效率；从宏观角度来看，银行业整体的效率也反映了经济体对总体资本的配置能力。目前，在间接融资仍然占据我国金融市场主导地位的背景下，商业银行主要依托传统的信贷业务和本土市场，受国家整体经济发展变化影响很大。

基于以上事实与国情，我们从理论和实践论证的角度出发，探索我国商业银行全要素生产率与效率的问题，在借鉴国内外已有研究成果和国际先进经验的基础上，通过对我国商业银行全要素生产率与效率进行深入分析，提出一个系统的研究商业银行全要素生产率的理论分析框架，同时建立一个切实可行的发展模式，以进一步提高我国商业银行的效率与全要素生产率。

1.2 企业全要素生产率的概念

全要素生产率（Total Factor Productivity，TFP）是指各要素（如资本和劳动等）投入之外的技术进步或技术效率变化对经济增长贡献的因素，是产出量与投入量的比例或所有要素投入的某种加权平均，反映在经济增长贡献上，表现为不能由要素投入的增长来解释的产出增长部分。由于劳动生产率、资本生产率等单项指标容易产生交叉影响而难以反映生产效率的提高，全要素生产率剔除了要素规模作用，因而成为衡量一个地区或行业经济运行状况、反映技术进步和技术效率等方面水平的综合指标。全要素生产率的概念是由美国统计学家肯德里克（J. W. Kendrick）首先提出的，又称为多要素生产率、综合要素生产率或总要素生产率。全要素生产率没有量纲。

在传统的管理中，一直采用单项要素生产率。它是指一个经济系统在一定时期内，总产量与某一单项投入要素量的比率。劳动生产率、资本生产率、燃料生产率都是单项要素生产率。单项要素生产率具有计算简便、灵活和直观的优点，并很容易被各类生产经营人员所接受和熟悉，但它只能孤立、片面和静止地反映经济系统的经济效率和管理效率，原因主要是：①单项要素生产率无法表达各项投入要素之间的相互关系。如某年某电力公司的劳动生产率和燃料生产率都较低，而资本生产率却较高，该公司在以后的数年内，大量投入了高效率的大机组，于是劳动生产率与燃料生产率有了大幅度提高，而资本生产率由于固定资产的增长而大幅度下降了。单项要素生产率本身不能对此做出全面的综合分析与评价。②单项要素生产率的各项投入要素，由于量纲不同，无法相加和综合。如各投入要素中，有的要用实物量，有的要用资本量。用实物量可以避开客观存在的价格扭曲现象，而资本量由于尚无法找到能够稳定且准确替代它的通用性实物量，只能以货币来计量。

单项要素生产率属粗放经营管理的范畴。而全要素生产率反映的是全部生产经营成果与全部投入要素之间的动态比率关系，它不仅解决了单项要素生产率所存在的问题，而且可以导出各投入要素的最佳组合方式。因此，全要素生产率被认为是一种对经济系统进行综合经济效益和综合管理效率评价分析的科学管理方法。

目前对全要素生产率有着各种各样的不同解释，主要可以分为三种情况：①全要素生产率是技术变化的观点；②全要素生产率是“免费午餐”的观点；③全要素生产率是无知的观点。我们认为，全要素生产率主要体现了技术变化，当然也包含少量的“免费午餐”部分。全要素生产率的核算方式，特别是增长核算法的“索洛余值”所测得的是“无知”的部分，但全要素生产率本身并不是“无知”的，全要素生产率更多地体现了技术进步和技术效率的改善。

1.3 商业银行全要素生产率的概念

关于商业银行全要素生产率，很大程度上便是商业银行的效率问题。效率问题一直是学术界专家学者们致力研究的一个核心命题。效率的运用可以基于实体概念也可以基于空间概念，既可以运用在很多不同的组织单位或企业等实体上，也可以运用在地域等空间范围上，这是由效率内涵的普遍适用性决定的。效率概念包含了狭义和广义两个方面：前者指的是单个实体或一个区域、行业如何在自身可支配资源有限的条件下，通过既定投入实现最大产出或在既定产出下实现最小投入的安排，使自身收益最大化，是微观层面上的生产效率或者说资源使用效率；后者指的是所有不同的实体或不同区域和行业面临总的生产资源是有限的这样一种硬约束，社会机制如何运作使得总体资源在各实体、各区域或行业间实现资源的流转，达到社会总体资源的最优配置状态，是宏观层面上的资源配置效率。

对于一般企业来讲，生产效率是基于微观层面对其生产经营过程的一种客观评价，考察标准就是在投入既定条件下能否实现最大产出或者在产出既定条件下能否实现最小投入。而商业银行作为一种特殊的企业形式，虽然经营的是货币，提供的是金融服务，但同时又具备一般企业的基本特征，因而对商业银行效率的研究既应从生产企业的共性出发，以投入产出状况衡量其经营管理效率或者资源利用效率。但商业银行又有别于一般企业，经营货币这样一种最为直接的生产资源使得商业银行在社会总体资源配置中扮演着至关重要的角色，其效率的高低关乎一国金融资源的配置效率，从而也就对广义上的效率产生重要影响。但要看到的是最大产出或最小投入只是一种最为理想化的状态，实际经营过程中并非所有商业银行的经营管理水平都能使资源配置效果达到理想状态，商业银行效率即提供了一种比较各商业银行与最优状态下的差距大小的量化标准。

在对商业银行效率进行评价时值得注意的是：商业银行效率是建立在同一背景、同一基础上的，是一个相对概念，通过各种方法测算出的商业银行效率值是每家银行相对于同一基础或背景内的其他商业银行而言的相对效率值，并非绝对效率水平的高低。

1.4 商业银行的效率理论

1.4.1 商业银行的规模效率理论

所谓规模效率，指银行是否在最节省成本的状态下提供金融服务，即当银行在扩张规模（商业银行的规模通常与存款、贷款或资产的规模密切相关）时其单位成本的变化情况。如果产出的增长超过成本的增长，则该银行具有规模效率，通过扩大规模和提高产出水平，银行可以更有效地进行经营管理，从而降低提供单位产品的成本；如果产出的增长低于成本的增长，也就是说，成本的降低将导致产出更快地降低，则该银行表现为规模不经济；如果产出的增长等于成本的增长，则该银行表现为规模经济不变。

由于商业银行的经营对象具有同质性，随着银行规模的扩大，其单位资产平均固定成本会相应降低，而扩大业务量的边际成本很小，故银行存在扩张规模的内在冲动。但是，当银行规模扩张到一定程度后，其内部的协调、管理和监督成本会增加，使整个组织经营管理效率下降，即规模不经济。为此，对于商业银行效率的早期研究主要集中于对规模效率的讨论，以期获得最佳的经营规模。

当银行进行规模扩张时，通常表现为银行存款、贷款或者总资产规模增长较快，银行单位成本的变化情况是跟着上涨还是逆势下降？当其扩张规模时，若出现产出增量大于成本增量，则该银行被认定为存在规模经济；若产出增量小于成本增量，即该银行出现了规模不经济现象，处于规模无效率的状态；若产出增量与成本增量同幅度地上涨，则该银行处于规模经济不变的状态。

1.4.2 商业银行的范围效率理论

所谓范围效率，指银行是否提供了最节省投入成本的业务组合，实质上反映了银行的运营规模与成本之间的关系。在给定产出水平上，如果混业经营银行的成本低于专业经营银行的成本，那么，混业经营银行存在着经营业务范围经济；如果混业经营银行的成本高于专业经营银行的成本，则混业经营银行不存在经营业务范围经济。从本质上看，商业银行范围经济是不同业务之间协同作用的宏观表现，如果不同业务之间存在正向的协同作用，则增加业务可以降低单位产出的成本；如果不同业务之间存在负向的协同作用，则增加经营范围只会使单位产出的成本增加。

随着金融自由化程度的不断推进，商业银行不再局限于传统的存贷款业务，也开始经营保险业务，甚至是证券经纪业务。混业经营是否可以促进商业银行的全要素生产率，就需要分析其范围效率的变化情况。

20 世纪 80 年代初至 90 年代兴起的金融自由化浪潮，丰富了银行业务种类，各种创新服务和产品推动着银行混业经营局面的形成。而商业银行的范围效率，普遍意义上代表的就是当商业银行扩宽业务范围，经营多元化的产品和服务，不再局限于传统的银行存贷款业务时，在既定产出的条件下，相比产品和服务单一的银行来讲引起银行成本降低的效应，实际上反映的也是银行经营成本与收益之间的关系，其衡量的是银行现阶段所经营的业务及提供的服务种类是否为最优，是否能为银行带来更多利润。如果与产品和服务种类单一的商业银行相比，混业经营银行的经营成本更低，则说明混业经营银行存在着范围经济；如果混业经营银行的经营成本不低于产品和服务种类单一的商业银行，则实际上混业经营银行不存在范围经济，不同种类的业务之间并不能对银行某些成本进行共享，反而会占用成本，增加产品和服务种类的同时会使银行单位成本增加。

1.4.3 商业银行的 X－效率理论

X－效率是由 Leibenstein 于 1966 年提出的。他反对古典经济学“极大化”或“最优化”的假设以及“市场效率”的教条，开始从如何激发生产者的积极性角度来探讨提高劳动生产率的经济动力，提出了“成本极小化是例外而不是通则”的论断。企业内部未能充分挖掘的生产效率不同于市场配置效率，在其性质尚无明确定义的情况下，Leibenstein 将其称为一种未知的效率，即 X－效率，其衡量的是银行控制成本和利润最大化的相对能力，侧重于确定最优的投入水平。X－效率理论研究的是一种与组织或动机有关的效率，关注的是在客观条件既定的情况下，存在于企业内部的某种低效率现象及其产生的原因。

X－效率理论首先是对古典和新古典经济学配置效率的否定，它们认为完全竞争市场不存在任何低效率现象。Leibenstein 则认为，非配置低效率是客观存在的，在完全竞争市场中，企业可能因为其内部存在的缺陷而出现非配置低效率，因此，完全竞争市场并不是完全有效率的。根据新古典理论，市场垄断只会导致配置低效率，配置低效率的程度可以用福利三角来衡量。Leibenstein 则认为，市场垄断不仅会带来配置低效率，而且会带来 X－无效率。因为垄断企业可以凭借其垄断地位，通过向消费者索取更高的价格来获得利润，因而缺乏使成本最小化的动力和压力。

1.5 商业银行效率的重要性与意义

1.5.1 中国商业银行发展史

1. 起步阶段

我国自己创办的第一家银行是 1897 年在上海成立的中国通商银行，它的成立标志着我国现代银行的产生。1895 年，中国在甲午战争中失败以后，由于需要支付巨额赔款，洋务企业出现资金严重短缺的情况。由督办全国铁路事务大臣盛宣怀奏准清廷后，1897 年 5 月 27 日，中国通商银行在上海外滩 6 号成立，实收资本金 250 万两，100 万两来自盛宣怀主管的轮船招商局和电报局，78 万两来自李鸿章等官员投资，其余为商股。该行成立之初，就被清廷许可发行银圆、银两两种货币，还获得代收库银、整理币制之权。在官方的中央银行设立之后，该行才转为纯粹的商业银行。1935 年，中国通商银行在白银风潮中面临危机，被中央银行、中国银行、交通银行控制，成为“小四行”之一，杜月笙出任董事长。1951 年 5 月，同新华、四明、中国实业、建业四家银行在金融业内首先组成联合总管理处。1952 年 12 月，和上海其他 59 家私营银行、钱庄和信托公司一起组成统一的公私合营银行，成为社会主义金融事业的组成部分。

1912 年 1 月初，大清银行“商股联合会”正式上书孙中山，建议将原有之大清银行改为中国银行，重新组织，作为政府中央银行。1912 年，大清银行副监督陈锦涛出任临时政府财政总长，开始借助大清银行“商股联合会”的力量，着手将大清银行“商股联合会”改为中国银行，建立政府中央银行。1912 年 1 月 24 日孙中山下令批准成立中国银行。1912 年 1 月 28 日，大清银行“商股联合会”召开股东大会，决定由股东会职员组成中国银行临时监事会，负责与正副监督筹订章程，并管理全行事务。1912 年 2 月 5 日中国银行正式开业。1912—1928 年中国银行成为南京临时政府和北洋政府的中央银行，行使当时政府中央银行的职能。

在 1912—1927 年的北洋军阀统治时期，跟中国银行一起承担中央银行职责的还有交通银行。交通银行创建于 1908 年，是中国早期的四大银行之一，也是中国早期的发钞行之一，在近代中国金融史上占有重要的地位。交通银行在筹建过程中，采取了官商合办的形式，为股份有限公司性质的商业银行。初期其设立的目的是借款赎回被列强控制的铁路，故名交通银行。交通银行初期为经营轮、路、电、邮四政往来的专业银行，后来逐步发展成为经营一般银行业务的商业银行。交通银行较早地借鉴了国外商业银行的经营管理方法，是我国最早在海外设立分支机构的银行，对促进我国早期银行业的发展起到了一定作用。

2. 第一个繁荣时代

北伐战争结束后，中国实现了形式上的统一，进入南京国民政府统治时期。受江浙财团资助的蒋介石政府，对银行体系的建设十分重视。1928 年，南京国民政府另组建中央银行，授予其发行纸币、代理国库、经理公债、管理外汇等特权。同时，将中国银行改组为国际外汇兑换专业银行，交通银行改组为辅助工农商矿的专职银行，也即商业银行。1935 年，南京国民政府又着手组建了中国农民银行，将其作为供给农业信用、发展农村经济的专职银行。至此，形成了以四大国有银行（中央银行、中国银行、交通银行、中国农民银行）为基本骨架的银行体系。在清末和北洋军阀统治时期，除了官立银行之外，众多私营银行也百花齐放，并在二十世纪二三十年代进入快速成长期，成就了中国金融业历史上的第一个繁荣期。在南京国民政府统治时期，私营银行以“北四行”和“南三行”为代表，官商合办银行以“小四行”为代表。“北四行”是指1917年成立的金城银行、1915年成立的盐业银行、1921年成立的中南银行和1919年成立的大陆银行，与北洋军阀均有一定的渊源，均以华北为业务重心，并曾一度开展广泛的协作，合办“四行储蓄会”和“四行准备库”，联合发行钞票。1927年之前，盐业银行实力最强，存款额曾一度位居全国私营银行之首。20世纪30年代之后金城银行实力飙升，成为“北四行”的支柱，其存款额也一度跃居全国首位。“南三行”是指1915年成立的上海商业储蓄银行、1907年成立的浙江兴业银行和1909年成立的浙江实业银行，后两家均由清末浙江地方金融力量组建。民国时期，三家银行均以上海为业务经营重心与发展基地，并多方面开展合作。1927年之前，浙江兴业银行与盐业银行并驾齐驱分列南北银行之首。1930年之后，则是上海商业储蓄银行与金城银行后来居上，成为南北银行的老大。浙江实业银行则专注于外汇业务。“小四行”为1897年成立的中国通商银行、1908年成立的四明商业储蓄银行、1919年成立的中国实业银行和1929年成立的中国国货银行，前三家原来均为民族资本经营，后被南京国民政府改组和控股，成为官商合办银行。中国国货银行则为南京国民政府建都南京之后组建的官商合办银行。

随后，中国金融业进入第一个繁荣时期，史称“黄金十年”（1928—1937年），但繁荣的背后是极度的混乱。当时，市场上有银两、银圆、铜币和形形色色的纸币并行流通。1935年，南京国民政府着手实行金融改革，首先是通过增资和颁布《中央银行法》强化中央银行的地位，随后实行“法币政策”，放弃银本位，禁止白银流通，将白银收归国有，规定中央银行、中国银行、交通银行三家银行发行的纸币为法定流通货币，即“法币”，中国至此才第一次进入了以纸币为主的时代。抗战和内战时期，金融系统濒于崩溃。到了新中国成立，存留下来的金融业只能用“苟延残喘”来形容。

3. 大一统时代

1948年中国人民银行成立，并在新中国成立的同时被赋予了国家金融产权的唯一代表地位。1948年12月1日，以华北银行为基础，合并北海银行、西北农民银行，在河北省石家庄市组建了中国人民银行，并发行人民币，人民币成为法定本位币。1983年9月，国务院决定由中国人民银行专门行使国家中央银行职能。1995 年 3 月 18 日，第八届全国人民代表大会第三次会议通过了《中华人民共和国中国人民银行法》，至此，中国人民银行作为中央银行以法律形式被确定下来。

1948 年 12 月 1 日，中国人民银行在河北省石家庄市宣布成立。华北人民政府当天发出布告，中国人民银行发行的人民币在华北、华东、西北三区统一流通，所有公私款项收付及一切交易均以人民币为本位币。1949 年 9 月，中国人民银行纳入政务院的直属单位系列，被赋予国家银行职能，承担发行国家货币、经理国家金库、管理国家金融、稳定金融市场、支持经济恢复和国家重建的任务。

在国民经济恢复时期，中国人民银行在中央人民政府的统一领导下，着手建立统一的国家银行体系：一是建立独立统一的货币体系，使人民币成为境内流通的本位币，与各经济部门协同治理通货膨胀；二是迅速普建分支机构，形成国家银行体系，接管官僚资本银行，整顿私营金融业；三是实行金融管理，疏导游资，打击金银外币黑市，取消在华外商银行的特权，禁止外国货币流通，统一管理外汇；四是开展存款、放款、汇兑和外汇业务，促进城乡物资交流，为迎接经济建设做准备。整改后的中国人民银行扭转了新中国成立初期金融市场混乱的状况，终于制止了南京国民政府遗留下来的长达 20 年之久的恶性通货膨胀。同时，按照“公私兼顾、劳资两利、城乡互助、内外交流”的政策，配合工商业的调整，灵活调度资金，支持了国营经济的快速成长，适度地增加了对私营经济和个体经济的贷款，便利了城乡物资交流，为人民币币值的稳定和国民经济的恢复与发展做出了重大贡献。

对于国民党时代留下来的四大国有银行，中央银行和中国农民银行已随国民党迁台，留下来的中国银行和交通银行则为新中国服务。中国银行仍旧作为经营外汇业务的专业银行，并进而成为中国人民银行的一个职能部门；1954 年在原来交通银行的基础上组建了中国人民建设银行（即现在的中国建设银行），继续承担向国家基本建设投资的政策性任务，而交通银行的其他业务也并入中国人民银行；此外，1951 年还组建了中国农业银行，作为办理支农拨款和贷款并扶持农村信用合作社的专业性银行，此后中国农业银行在机构重组中曾三度合并于中国人民银行，又三度重新设立。

至于以“北四行”“南三行”“小四行”为代表的私营银行，于 1952 年被组合为统一的“公私合营银行”，随后在 1955—1956 年并入中国人民银行储蓄部，成为新中国金融体系的有机组成部分。

至此，新中国建立了“大一统”的金融体系，一切信用集中于国家的目标基本实现。中国人民银行既承担发行人民币、组织和调节货币流通的中央银行职责，又承担统一管理国家金融机构和金融运作的职能，同时还是开展存款、贷款、汇兑和外汇业务的商业银行，可谓“三位一体”。“大一统”银行体系由于服务于当时的计划经济体制，深深地打上了“大一统”时代的烙印。

4. 向现代银行体系转变

改革开放之后，“大一统”计划经济银行体系向现代市场经济银行体系过渡。

首先是1979年三大专业性银行恢复，中国银行、中国建设银行从中国人民银行的体系中独立出来，中国农业银行重新设立，这三大专业性银行分别承担经营外汇业务、投资基本建设和扶持农村金融的政策性任务。然后是1984年，中国人民银行的商业性业务被剥离出来，成立了中国工商银行，中国人民银行不再对企业和个人办理信贷业务，专门行使中央银行的职能。而中国工商银行由于继承了中国人民银行原来的商业性业务，成为全国最大的商业银行。

而中国银行、中国建设银行和中国农业银行从20世纪80年代中期开始经营以营利为目的的商业性业务，从专业政策性银行向商业银行转化。1994年政府对投资体制和金融体制进行重大改革，将金融管理任务、政策性业务和商业性业务剥离：①国家开发银行成立，接过了中国建设银行对基础设施建设贷款的政策性业务，而中国建设银行转变为商业银行；②中国进出口银行成立，接过了进出口方面的政策性业务，另外国家外汇的管理职责由外汇管理局统一承担，中国银行也转变为商业银行；③中国农业发展银行成立，接过了中国农业银行在农业金融方面的政策性业务，1996年全国农村信用合作社与中国农业银行脱离行政隶属关系，中国农业银行也转变为商业银行。至此，三大政策性银行（国家开发银行、中国进出口银行、中国农业发展银行）和四大国有商业银行（中国工商银行、中国银行、中国建设银行、中国农业银行）分家，分别成为两个不同的系统。除了四大国有商业银行之外，从20世纪80年代中期起，股份制商业银行也如雨后春笋般涌现出来。1987年，交通银行在时隔30年之后重新建立以作为金融改革的试点，成为全国第一家股份制商业银行。时隔一周之后，由招商局集团创办的招商银行在深圳成立，成为第一家完全由企业法人持股的股份制商业银行。除了四大国有商业银行和数家全国性股份制商业银行之外，数量更庞大的是遍布全国各地的城市商业银行和农村商业银行。

城市商业银行是以城市信用社为基础发展起来的。1995年开始，为整肃城市信用社、化解地方金融风险，中央金融主管部门决定以城市信用社为基础组建城市商业银行。城市商业银行实质上也逐步转化为地方政府的融资工具和地方金融机构的代表。

同样，农村商业银行也是以农村信用合作社为基础发展起来的。1958 年之后随着“大一统”计划经济银行体系的建立，农村信用合作社转化为国家银行在农村的基层机构，走上了“官办”的道路。1984 年之后，各地农村信用合作社纷纷恢复，作为推动农村乡镇企业发展的工具。1996 年，各地农村信用合作社与中国农业银行脱离行政隶属关系，同时国有商业银行逐渐退出欠发达地区农村领域，农村信用合作社成为农村金融的“主力军”，并被赋予“支农”的政策性职能。2005 年之后，部分农业比重很低的地区的农村信用合作社陆续实行股份制改造，组建农村商业银行，并转化为地方政府的融资工具和地方金融机构的代表。

这样，经过 30 余年的渐进式改革，中国基本形成了由中国人民银行、三大政策性银行、四大国有商业银行、十多家全国性股份制商业银行、一百多家城市商业银行、更多的农村商业银行和农村信用合作社所构成的现代银行业体系。

1.5.2 不同所有制商业银行的发展现状

1. 近几年我国经济发展及银行业概述

银行业的发展与宏观经济的发展趋势密不可分，近几年我国经济一直保持着高速的增长态势。2017 年，我国经济更是在稳中求进的总基调下，实现了收益和质量的双提高。经济结构持续优化，改革开放取得新突破，居民收入稳定增长，人民生活持续改善，全年 GDP 达到 827 122 亿元，按可比价格计算同比增长 6.9%；其中，第一产业增加值 65 468 亿元，增长 3.9%；第二产业增加值 334 623 亿元，增长 6.1%；第三产业增加值 427 032 亿元，增长 8.0%。第一产业增加值占 GDP 的比重为 7.9%，第二产业增加值比重为 40.5%，第三产业增加值比重为 51.6%。全年最终消费支出对 GDP 增长的贡献率为 58.8%，资本形成总额贡献率为 32.1%，货物和服务净出口贡献率为 9.1%。全年人均 GDP 59 660 元，比 2016 年增长 6.3%。全年国民总收入 825 016 亿元，比 2016 年增长 7.0%。

2. 不同所有制商业银行的规模

目前我国银行业金融机构可划分为大型商业银行、股份制商业银行、城市商业银行、农村金融机构及其他金融机构五大类。截至 2017 年 12 月 31 日，上述五大类银行业金融机构的总资产和总负债及所占比例的情况如下表列示：

表 1.1 五大类银行业金融机构的总资产、总负债及所占比例

项目	总资产（亿元）	占国内银行业金融机构比例（%）	比上年同期增长率（%）	总负债（亿元）	占国内银行业金融机构比例（%）	比上年同期增长率（%）
大型商业银行	928 145	36.77	7.18	855 636	36.74	7.05
股份制商业银行	449 620	17.81	3.42	419 047	17.99	2.72
城市商业银行	317 217	12.57	12.34	295 342	12.68	11.86
农村金融机构*	328 208	13.00	9.78	303 953	13.05	9.64
其他金融机构**	500 851	19.84	13.71	454 726	19.53	13.76
总计	2 524 041	100.00	8.68	2 328 704	100.00	8.40

注：*农村金融机构包括农村商业银行、农村合作银行、农村信用合作社和新型农村金融机构。**其他金融机构包括政策性银行及国家开发银行、民营银行、外资银行、非银行金融机构和中国邮政储蓄银行。

大型商业银行：在我国银行业体系中，大型商业银行占重要地位，是国有企业融资的主要来源。截至2017年12月31日，大型商业银行的总资产占国内银行业金融机构总资产的36.77%，总负债占国内银行业金融机构总负债的36.74%。

股份制商业银行：截至2017年12月31日，国内共有12家全国性股份制商业银行，这些银行获准在全国范围内开展商业银行业务。截至2017年12月31日，股份制商业银行的总资产占国内银行业金融机构总资产的17.81%，总负债占国内银行业金融机构总负债的17.99%。

城市商业银行：截至2017年12月31日，城市商业银行的总资产占国内银行业金融机构总资产的12.57%，总负债占国内银行业金融机构总负债的12.68%。

农村金融机构：截至2017年12月31日，农村金融机构的总资产占国内银行业金融机构总资产的13.00%，总负债占国内银行业金融机构总负债的13.05%。

其他金融机构：其他金融机构主要包括政策性银行及国家开发银行、民营银行、外资银行、非银行金融机构和中国邮政储蓄银行。政策性银行包括中国进出口银行及中国农业发展银行，这两家银行专注于政策性贷款业务。外资银行主要包括外国银行的代表处、分支机构、外商独资银行及合资银行。2014

年11月27日，发布了《国务院关于修改〈中华人民共和国外资银行管理条例〉的决定》（中华人民共和国国务院令第657号），降低了外资银行在中国境内机构设立、业务准入等方面的门槛，放松了对外资银行的限制，标志着中国银行业对外开放的步伐进一步加快。目前，外资银行市场份额较低，但其与国内银行业金融机构之间的竞争日趋激烈。2007年，国家邮政储汇局改制成中国邮政储蓄银行，中国邮政储蓄银行经批准可提供全方位的银行业务。截至2017年12月31日，其他金融机构的总资产占国内银行业金融机构总资产的19.84%，总负债占国内银行业金融机构总负债的19.53%。

3. 国有商业银行的特色

国有商业银行的主要业务大同小异，但具有不同的特色，其表现如下表：

表1.2 国有商业银行的特色

国有商业银行	特色
中国工商银行	中国资产规模最大的商业银行；在中国人民银行专门行使中央银行职能
中国农业银行	网点遍布中国城乡；国内网点最多；业务辐射范围最广
中国银行	国家指定的外汇外贸专业银行；国际化程度最高的中国商业银行
中国建设银行	拥有广泛的客户基础，与多个大型企业集团及中国经济战略性行业的主导企业保持着银行业务联系

4. 12家全国性股份制商业银行的特色

下表列出了我国12家全国性股份制商业银行的特色，可以从中看出，虽然业务大同小异，但是不同全国性股份制商业银行之间的业务侧重点不同，与国有商业银行的特色亦有所不同。

表1.3 全国性股份制商业银行的特色

全国性股份制商业银行	特色
中信银行	综合金融服务特色鲜明； 公司银行业务市场领先； 零售银行业务快速发展； 金融市场板块优势突出； 网络金融业务持续创新

（续上表）

全国性股份制商业银行	特色
招商银行	创建了国内第一个电话银行； 不少创新业务产品具有比较明显的市场竞争优势
平安银行	持续构建“创新、效率、IT 技术”三大优势竞争壁垒
广发银行	将创新作为核心竞争力； 具有强烈责任意识
兴业银行	以支持国家、服务经济、回报社会为己任； 城镇化金融领域的主流竞争者、绿色金融市场的领跑者
中国光大银行	上交所、港交所上市公司； 稳步发展的后起之秀
华夏银行	实施“中小企业金融服务商”品牌战略； 积极履行企业社会责任，坚持企业效益与社会责任的有机统一
上海浦东发展银行	金融市场业务支撑发展成效突出； 投行业务的市场地位稳步提升； 移动金融领先银行建设取得成效； 中小及小微业务持续突破； 财富管理发展迅速
中国民生银行	打造小微金融特色； 创新小区金融服务
恒丰银行	近年来成长最快的全国性股份制商业银行之一； 金融市场业务是其业绩增长的主要引擎
浙商银行	建立小微业务专营模式， 单独建立了一套适合小企业业务特点的制度体系和业务流程
渤海银行	第一家在发起设立阶段就引进境外战略投资者的中资商业银行； 大力推动创新转型发展并取得显著成效

5. 银行业的影响因素和发展趋势

（1）宏观经济快速增长，金融体制改革不断深化，经营环境日益规范。

中国经济的持续高速增长，为中国银行业带来了巨大的市场空间。中国银行业伴随着国民经济的健康快速发展实现良好发展。近年来，作为市场经济体制改革的重要组成部分，我国金融体制改革有序推进，不断深化，金融组织体系、金融市场体系、金融监管体系和金融宏观调控体系不断完善，为银行业监管体制的完善和银行业的长远发展奠定了坚实的基础。2016 年，中国人民银行将自 2011 年以来施行的差别准备金动态调整和合意贷款管理机制调整为“宏观审慎评估体系”（Macro Prudential Assessment，MPA）。

宏观审慎评估体系重点考虑资本和杠杆情况、资产负债情况、流动性、定价行为、资产质量、外债风险、信贷政策执行七大方面，通过综合评估加强逆周期调节和系统性金融风险防范。2017 年第一季度，中国人民银行开始正式将表外理财纳入广义信贷范围，以合理引导金融机构加强对表外业务风险的管理。宏观审慎评估体系的建立和不断完善有助于提升监管机构间的协调效率，更好地降低社会融资成本，提高货币政策向实体经济的传导效果，同时更有力地防范系统性金融风险。

2017 年，银监会密集出台了多个监管文件，内容包括提升银行业服务实体经济质效、整治银行业市场乱象、防控银行业风险、弥补监管短板，以及开展“三违反”（违法、违规、违章）、“三套利”（监管套利、空转套利、关联套利）、“四不当”（不当创新、不当交易、不当激励、不当收费）等专项治理。上述从严监管措施和专项治理有助于银行专注本业，提升经营透明度和规范性，更好地服务实体经济。此外，随着银行业改革的深化、法律法规的完善、个人征信系统的健全和信用环境的改善，银行业经营环境亦将逐步改善。

（2）利率市场化改革深入，金融脱媒凸显，进一步促进商业银行开发更多元的市场创新产品及服务。

随着利率市场化进程加快，商业银行的竞争进一步加剧。特别是在国内资本市场日臻完善的大背景下，金融脱媒将成为经济生活的主流，优质客户的贷款业务部分被股权融资市场、债券市场、商业票据市场所代替，存款业务也逐渐被货币市场基金、股票投资和保险投资等日益多元化的投资渠道所侵蚀，传统的资产负债业务受到挑战。

近年来，伴随着银行业改革步伐的加快，中国人民银行采取一系列措施逐步放开了对利率的管制，逐步走向市场化。从 2004 年 10 月 29 日起，国内商业银行可以在中国人民银行制定的基准利率基础上，适当自行调整人民币利率，贷款利率原则上不再设定上限，允许贷款利率下浮。《中华人民共和国国民经济和社会发展第十二个五年规划纲要》中明确提出“稳步推进利率市场化改革，加强金融市场基准利率体系建设”。自2013年7月20日起，中国人民银行决定全面放开金融机构贷款利率管制，由金融机构根据商业原则自主确定贷款利率水平。票据贴现利率管制也被取消，贴现利率由金融机构自主确定。2015年5月11日，中国人民银行宣布存款利率浮动区间上限由基准利率的1.4倍调整为1.5倍，存款利率上浮区间进一步扩大。2015年8月26日起，放开一年期以上（不含一年期）定期存款的利率浮动上限。2015年10月24日起，放开商业银行和农村合作金融机构等执行的存款利率上限。利率市场化将有助于提高国内商业银行开发和营销创新产品及服务的动力。

近年来，金融脱媒现象凸显，投资者将资金从储蓄及存款银行等中介金融机构转移出来用作直接投资。由于存款利率低于通胀率以及金融市场的发展，客户需求的多样化、综合化、个性化和社会融资结构的调整，导致了金融脱媒现象的发生，从而影响商业银行的存款水平，进而影响可用于贷款业务以产生利息收入的资金水平；同时，金融脱媒也可能导致企业（尤其是大型企业）的贷款需求减少。商业银行应通过积极拓宽业务寻找其他利润渠道，发挥各经营机构的协同效应，拓展多元化的业务收入。

（3）综合化经营深入推进。

商业银行积极通过综合化经营方式寻找利润渠道，并通过收购兼并或组建新的公司介入证券、保险、信托、金融租赁等非银行金融业务，发挥各经营机构的协同效应，拓展多元化的业务收入。客户需求的增长及金融监管政策的调整，使资本市场、货币信贷、外汇市场、金融衍生品市场之间的相互联系更加紧密。商业银行通过多种方式实现集银行、证券、保险等于一体的综合经营模式，例如2005年2月中国银监会印发《商业银行设立基金管理公司试点管理办法》允许商业银行投资设立基金管理公司；2008年中国银监会印发《信托公司私人股权投资信托业务操作指引》《银行与信托公司业务合作指引》引导综合经营业务规范发展。

2009年7月，中国银监会印发《消费金融公司试点管理办法》，启动北京、天津、上海、成都四地消费金融公司试点。2013年11月，中国银监会印发新的《消费金融公司试点管理办法》，将试点范围由原来的4个城市扩大到16个城市。2009年11月，中国银监会印发《商业银行投资保险公司股权试点管理办法》，在2008年中国银监会与中国保监会签署的《关于加强银保深层次合作和跨业监管合作谅解备忘录》的基础上，进一步推进了商业银行与保险公司的深层次合作。2014年中国银监会新修订的《金融租赁公司管理办法》允许商业银行试点设立金融租赁公司。

（4）金融业务在一段时间内仍将处于主导地位，零售银行、中小企业金融服务将成为重要业务领域，银行间市场不断发展。

我国商业银行成立后，商业银行贷款成为企业重要的资金来源。虽然股票融资及债券融资等直接融资方式自20世纪90年代以来飞速发展，拓展了企业融资渠道，但是，商业银行贷款仍将是企业主要的融资途径。此外，商业银行通过综合经营和跨市场经营等方式为公司客户提供投资银行、理财等服务。近年来，我国城乡居民人均收入水平有了较大幅度提高。2013—2017年期间，我国城镇居民人均可支配收入年均复合增长率为8.29%，农村居民人均可支配收入年均复合增长率为9.25%。国民收入水平和理财意识的不断提高将增加包括个人贷款产品以及个人理财产品和服务等在内的个人金融产品的需求，促进零售银行业务快速发展。

我国企业一直以来以商业银行贷款为主要融资渠道，但随着资本市场的加速发展，大型企业融资逐步转向资本市场，中小企业金融服务将成为银行服务的重要市场。2007年以来，国务院及相关部门多次出台相关政策，支持完善小微企业金融服务，促进小微企业健康发展。2014年10月31日，颁布了《国务院关于扶持小型微型企业健康发展的意见》（国发〔2014〕52号），针对小微企业在发展中面临的一些困难和问题提出扶持和解决方案。

根据上述意见，2015年3月3日，中国银监会颁布《中国银监会关于2015年小微企业金融服务工作的指导意见》（银监发〔2015〕8号），要求贯彻落实党中央国务院关于金融支持小微企业发展的决策部署，持续改进小微企业金融服务，促进经济提质增效升级。我国银行间市场由多个子市场组成，包括同业拆借、票据贴现、债券、外汇等，自20世纪90年代中期以来发展迅速。此外，近年来我国银行间市场交易的金融工具和衍生产品交易种类不断增加，如债券远期、利率互换、外汇远期、外汇掉期等，为商业银行规避利率风险、提高流动性、创造新的营利模式提供了工具。

（5）利息收入仍是主要来源，中间业务收入发展迅速。

随着近几年中国经济的发展，金融需求渐趋多样化，银行盈利能力不断增强，银行业非利息收入增长较快，但并未改变利息收入的主导地位。预计短期内，利息收入占比将逐步下降，但银行依赖利息收入的局面不会改变。近年来，商业银行中间业务发展迅速，产品和服务日益丰富，中间业务收入大幅提高，有利于商业银行改善收入结构，提高收入的稳定性。过去我国商业银行在收取手续费和佣金等方面受到较多限制，自2001年起，我国政府开始允许商业银行的中间业务收费有更大的灵活性。2014年中国银监会、国家发改委联合颁布《商业银行服务价格管理办法》，明确规定对客户普遍使用、与国民经济发展和人民生活关系重大的银行基础服务实行政府指导价或政府定价或市场调节价。

（6）资产质量改善，抗风险能力提高。

近年来我国商业银行加大了不良资产的处置和重组力度，信用风险控制能力不断提高，资产质量已经得到明显改善。国内城市商业银行不良贷款余额由2007年12月31日的12 684亿元略微升高至2017年12月31日的17 057亿元，不良贷款率由2007年12月31日的6.17%下降至2017年12月31日的1.74%；国内农村商业银行不良贷款率由2007年12月31日的3.97%下降至2017年12月31日的3.16%。

虽然近期不良贷款率有所上升，但整体而言，我国商业银行的资产质量得到较大改善，承担风险的能力得到显著提高。宏观经济形势波动和市场环境变化对商业银行风险管理能力提出了要求；巴塞尔资本协议Ⅲ的实施和国内银行业监管的日益严格，为商业银行全面风险管理体系的建设和完善增加了压力和动力。未来商业银行能否有效抵御经济周期波动带来的不利影响，保持可持续价值创造能力，在很大程度上取决于商业银行的风险管理能力。为保持有利竞争地位，商业银行提高风险管理水平日益重要，商业银行的抗风险能力将逐步提升。

（7）客户服务意识和产品创新能力不断提高。

2009年12月，中国银监会颁布了《商业银行金融创新指引》，为商业银行的创新提供了规范发展的监管环境。尽管商业银行同质化竞争问题仍然存在，但寻求差异化、特色化发展的战略意识日益强化。各商业银行开始主动选择不同的战略定位，加强自身核心竞争力的建设，重视自身品牌的培育，构建符合自身特色的比较优势，不断开辟新的市场领域。商业银行注重以客户为中心的经营理念，关注及发掘客户需求，注重客户体验，从服务创新、服务渠道体系、服务文化、服务流程优化等方面不断改善和提高服务质量，提升客户满意度。商业银行加大产品创新力度，通过加强产品创新规划、健全创新组织、完善激励机制、规范创新流程，使得产品创新能力不断增强。在消费信贷、理财产品、电子银行、现金管理、投资银行业务、供应链金融等领域，产品创新尤其活跃。

（8）信息科技的开发与完善。

20世纪90年代以来，信息技术日益成为金融创新的基础与支柱，银行业的重要产品和管理创新包括衍生产品、客户关系管理、信用打分模型等均通过计算机和数据库技术的应用得以实现。银行业的金融创新未来将更多地依赖于现代信息技术，同时，商业银行经营服务的渠道已从单一的营业网点渠道向电子化渠道与营业网点渠道全面结合的经营模式转变。信息技术广泛应用于商业银行各个环节、各个产品，成为商业银行业务创新和经营管理水平持续提升的基本支撑。

（9）互联网金融的巨大影响。

近年来，互联网技术尤其是移动互联技术日渐成熟，应用范围不断扩张，渗透至包括金融行业在内的各个社会领域。在金融行业内，互联网技术被应用于网络银行、第三方支付、P2P网贷、在线金融产品销售、金融电子商务等众多细分领域，逐渐为客户和市场所接受，形成了互联网金融的新兴概念。互联网金融向投资者，尤其是中小投资者，提供了新的投资渠道，满足了不同类型投资者的需求；向部分企业和个人，尤其是中小企业和个体工商户，提供了新的融资渠道，解决了部分融资困难的问题。同时，互联网金融促进了传统金融行业的业务流程改革，提高了金融行业的整体效率。互联网金融的快速发展对传统金融行业也产生了一定的冲击。部分互联网企业借助互联网金融进入金融领域，这些互联网企业依靠技术和理念优势分流了传统金融行业的资金和业务，在一定程度上削弱了传统金融行业的控制力。长期以来，国内金融行业中商业银行占据着主导地位，在政策红利、资金成本、信用成本等方面相较于其他金融机构具有绝对优势，但是随着互联网金融的发展，各种金融机构都向商业银行的传统业务领域进行渗透，对商业银行的主导地位产生了挑战。在商业银行行业内部，依靠互联网技术，中小机构可以弥补自身网点、人员和品牌知名度的不足，获得超越大型机构的发展速度，进而改变行业格局。

1.5.3 商业银行效率的重要性

1. 商业银行效率的提升是我国金融业可持续发展的核心

银行效率是对其配置资源情况的客观反映，也是对产出投入项目全面进行评价的结果，不但可以体现财务报表分析的经营情况，同时也可以体现不能进行财务报表分析所能够反映的情况。基于此，效率分析的本身就是评估银行绩效的一种非常有效的方式。银行效率分析不仅可以衡量将来银行可持续发展的能力，同时也能测度银行的竞争能力。学者们普遍认为商业银行效率的提升是化解银行风险、降低银行不良资产率、提高银行竞争力以及促进银行业可持续发展的核心。银行系统早期外延式的扩张方式，虽然起到了一定的推动作用，但也产生了一些根本性的问题，进而阻碍了银行业效率的提升。所以，当务之急必须努力转变发展模式及方法，将提升效率放在核心的位置，才能最终适应金融改革深化的要求。不可否认银行效率问题是当前我国金融业可持续发展的关键所在。

2. 商业银行效率的提升是应对外资银行竞争的关键

我国加入 WTO 的时候，承诺会对外资银行慢慢放开国内的市场。2006 年底我国向全世界履行承诺，即取消了面向外资银行的所有非审慎性限制，也进一步取消了外资银行在经营人民币业务中的地域范围限制以及服务对象限制。如今，我国金融市场已经全面对外资银行进行开放，不但放开了人民币经营业务，而且还使得外资银行拥有了国民待遇，外资银行不再有客户及地域方面的种种限制，已经充分享有了完全的市场准入，毫无疑问中资银行和外资银行之间已经构成竞争的格局。虽然外资银行目前所占比例并不大，但是它们具有的强大财务实力以及从业经验都是不容小觑的。不可否认，外资银行高品质的专业服务显示了强大的竞争优势，使我国银行业在技术、业务、人才及经营理念等方面都面临着巨大的竞争压力和挑战。故我国商业银行必须努力提高自身素质及专业能力，以应对外资银行的挑战和竞争。

外资银行的大规模进入最直接同时也是最主要的影响必然是对我国银行业整体效率的冲击。因为外资银行的不断扩张会吸引国内潜在的优质顾客、优良资产以及优秀人才，从而导致我国银行业绩效的普遍降低。毫无疑问，效率是银行业竞争力的集中体现，是评估银行经营业绩的重要标准，因此研究如何对我国商业银行进行效率的测度，从而更好地判断商业银行效率的影响因素以及效率的变化情况，进而强化我国商业银行的国际竞争能力，进一步有效地提升商业银行经营效率，已成为不得不面对的现实问题。

3. 商业银行效率的提升是我国银行业改革的重要内容

自改革开放以来，纵观我国银行业的发展历程，质的相对滞后以及量的快速增长形成了非常显著的对比，也就是说发展态势非常不均衡。在发展过程中，国有商业银行过于看重发展速度以及市场的占有率，却不重视效率。随着银行之间竞争的日渐白热化，我国政府对国有商业银行进行了逐步深化的改革，通过不良资产的剥离、财务的重组、引进境外战略合作者以及国家注资等方式不断地强化改革。例如，2003 年底，政府对中国建设银行以及中国银行进行股份制改革试点，决定向中国建设银行及中国银行注资 450 亿美元。随后，2004 年，中国建设银行股份有限公司以及中国银行股份有限公司先后成立。2005 年，中国建设银行成功在香港上市。中国工商银行以及中国银行也于 2006 年分别在上海以及香港两地先后上市成功。毫无疑问，银行业改革的最终意图在于提高其效率。毋庸置疑，商业银行效率的提升已成为我国银行业改革的必经之路。

1.5.4 研究商业银行效率的意义

1. 有助于国家监管单位制定相关的监管政策

对我国商业银行效率的研究有助于国家监管单位制定相应的监管政策。众所周知，效率的实际情况是国家监管单位制定监督管理政策的根本及依据。当前，国有商业银行、地方性商业银行以及股份制商业银行的发展非常不均衡，同时在市场份额占有率以及资产规模方面差距十分显著，而且外资银行的大量涌入，使得金融市场的竞争更加复杂和激烈。基于此种情况，对商业银行效率进行深入研究可为国家监管单位提供更为有效且准确的效率评价，从而为国家监管单位提供更有价值的参考资料，有助于国家监管单位制定相应监管政策。商业银行的效率评价不但可以反映银行资源的合理配置优化程度，也能体现商业银行在节约成本、产出投入以及规模效应等方面的效果。通过对我国商业银行效率的研究，国家监管单位可以更加清晰地掌握商业银行对资源的有效利用情况，以及各商业银行间的效率差距，最终制定出有效的金融监管政策，进一步促进资源在我国各商业银行间的合理配置。此外，商业银行效率的研究有助于监管单位全面实时监控商业银行经营风险，及时防范可能出现的各种金融风险，同时也可以为监管单位调整监管政策提供必要的信息，确保宏观调控政策得以顺利实施。

2. 有助于降低风险，提高我国商业银行效率

对各个商业银行效率的研究及比较，对探索提升银行效率的有效途径具有现实意义。效率研究不但可以反映我国银行业在经营绩效以及盈利能力等方面的情况，同时也可以测度不同商业银行之间效率的差距。通过大胆探索自身效率的提升途径及方法，商业银行之间可以准确有效地配置资源，从而使各个银行商业顺利地实现自我完善。毫无疑问，外资银行的大量涌入必定对国内银行现有的客户进行争夺，对外开放无疑导致了银行业的激烈竞争，继而由于竞争的不断加剧，必然造成银行经营风险水涨船高，最终无情的市场将淘汰那些效率低下的银行。因此提升效率成为商业银行有效降低风险的途径。

3. 有助于我国金融业的稳定及发展

我国金融体系以银行为主导，同时融资渠道主要以银行间接融资为主要方式，银行在我国整个金融行业中占有举足轻重的地位。商业银行不仅仅是我国金融行业的主体，同时也是我国经济民生的命脉所在。所以根据商业银行效率的测度结果，可以有针对性地指导我国商业银行采用有效的措施加强市场竞争力，可以促进商业银行有效配置资源，最终使我国金融行业保持稳定和发展。

学者强调商业银行效率提升的意义远远超过商业银行本身，银行业的稳定及发展归根结底在于提升银行效率。低效率的银行势必会阻碍社会储蓄转变为投资，进而导致经济增长的潜力无法得到充分发挥，并且会减弱资金在社会范围内配置的速度。因此，通过对我国商业银行效率进行研究，可以促进商业银行制定自身经营管理策略，实现银行资源优化配置，进而提升商业银行的市场竞争力，确保加强我国商业银行应对外来冲击的能力，切实保障我国金融体系的稳定及发展。

2

影响商业银行效率的因素

2.1 影响商业银行效率的宏观因素

2.1.1 宏观经济情况与商业银行效率

商业银行作为经济体的一员，宏观经济情况是商业银行经营的基础条件和背景，直接决定和影响商业银行的经营状况。两者之间的关系比较直观且容易理解：当经济处于繁荣阶段时，说明宏观经济环境和市场环境比较活跃，此时的市场需求旺盛，企业的生产和投资需求趋升，暂时缺乏资金的企业就可以通过商业银行这一中介获得间接融资，而贷款是我国商业银行最主要的资产项目，业务量的增多则会使商业银行的盈利有比较大的空间，从而有利于商业银行利润效率的提高。但也应该考虑到若经济过度繁荣，政府往往就会对经济施以适当干预，紧缩宏观经济政策的出台会对社会上的投资需求有所抑制，或者国家利用提准、加息等货币政策调节社会上的基础货币量，而商业银行作为中介者，则会受到较大影响。相反，当经济处于衰退或萧条时期，市场上的各种交易需求都会有所减缓，此时商业银行业务的缩减就可能会带来商业银行利润效率的降低。

一般来说，商业银行效率与一国的宏观经济情况呈正相关关系。影响机制可以表示为：

图 2.1 宏观经济情况对商业银行效率的影响

2.1.2 宏观经济政策与商业银行效率

商业银行效率与国家宏观经济政策密切相关，特别是在我国金融体系仍然以商业银行为主的环境下，商业银行更是经济政策最主要的传导媒介。

一般来说，宽松的经济政策会鼓励商业银行加大贷款投放，再加上目前存贷款业务仍然是我国商业银行的主要营利模式，因此扩张性经济政策会给商业银行带来更多的盈利机会。此外大多数情况下，宽松或稳健的经济政策往往还意味着经济处于上升期，国家一般还会配以积极的财政政策，从而又带动了投资水平的提高，由此产生贷款需求。但凡事都要遵循适度原则，宽松的经济政策也会给商业银行带来潜在的风险，如商业银行在宽松的经济政策下往往会有过度放贷倾向，从而忽略了贷款的质量，或将贷款投向高风险行业，一旦未来贷款的收回发生问题，商业银行的不良贷款率上升，也会损害到商业银行综合效率。

一般来说，宽松的经济政策会带来商业银行综合效率的提升。相反，紧缩的经济政策一般会损害商业银行综合效率。影响机制可以表示为：

图 2.2　宏观经济政策对商业银行效率的影响

2.1.3　资本市场发展与商业银行效率

资本市场的壮大，也即直接融资渠道的发展，对商业银行效率的影响可以从两方面来分析。

首先，商业银行是资本市场的重要参与者，资本市场为商业银行融入资金提供重要来源，也是商业银行资金有效运用的重要渠道。如资本市场不仅可以使商业银行能够通过发行股票、次级债券等方式充实自身的资本，提高资本充足率，也使商业银行的闲置资金得到有效运用，还可以为上市银行提供强大的外部约束，激励其加强自身管理水平的提高。其次，随着资本市场的发展，大量储蓄者将资金投资于资本市场，一定程度上会减少商业银行的资金来源；同时资本市场作为直接融资渠道，大量优质企业通过上市在资本市场上筹集资金，减少了在商业银行的贷款，导致商业银行优质客户的流失，对商业银行的间接融资市场造成一定程度的争夺。

一般来说，资本市场发展对商业银行效率的影响具有两面性。影响机制可以表示为：

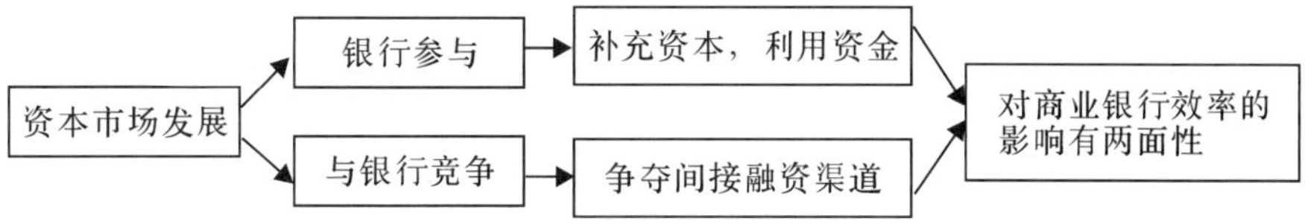

图 2.3 资本市场发展对商业银行效率的影响

2.1.4 银行业市场结构与商业银行效率

市场结构反映了某一行业的竞争程度和垄断程度。行业的垄断性越强，行业利润率就越有可能高于平均利润率。Demstets（1990）的研究表明：当市场集中度超过 50% 以后，行业间的报酬率与集中度呈正相关。具体到银行业，国外的很多文献都证明银行业由于其经营业务的特殊性，有较高的行业门槛，因而具有明显的规模效益递增和不完全竞争的特性。Smirlock 等人（1985）的研究指出，美国银行业的市场份额与营利性之间一般存在正相关关系；对欧洲银行业的研究显示，集中度对银行营利性具有正效应。由此可见，银行业市场结构与商业银行效率之间存在着较强的正相关性。

但银行业的垄断程度过高不利于整个银行业的健康发展。对于银行业来说，公平有效的竞争环境是其健康发展的环境基础。就如超产权论所说，存在有效率的商业银行制度的前提是竞争市场的存在，只有创造公平的市场外部竞争条件，才能逐步形成和选择出适宜商业银行的内部治理结构。

一般来说，银行业市场结构与商业银行效率呈正相关。影响机制可以表示为：

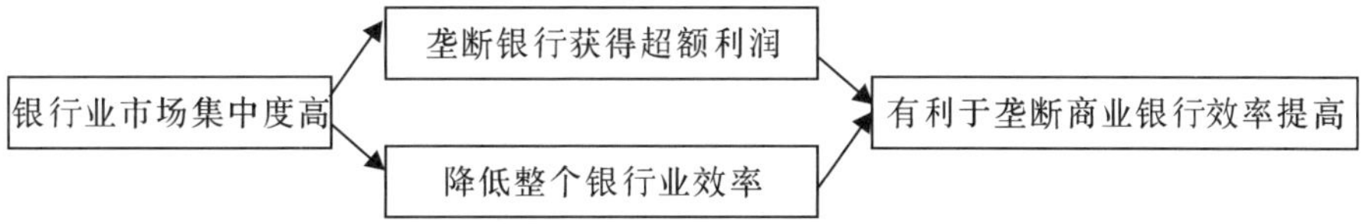

图 2.4 银行业市场结构对商业银行效率的影响

2.1.5 外资银行进入与商业银行效率

外资银行进入我国主要是在我国加入 WTO 之后，其快速发展成为我国银行业不可忽略的一支力量。根据 WTO 的协议，2006 年以后我国承诺将取消在外资银行的所有权和经营权设立形式上的限制，允许外资银行向中国境内客户提供人民币业务服务，给予外资银行国民待遇。

对于外资银行进入对我国商业银行效率的影响是积极的还是消极的，国内外学者有不同的意见，主要分为“鲶鱼与外溢效应”及“摘樱桃假说”。前者认为外资银行进入会激励国内商业银行改善管理水平，并使国内商业银行掌握较为先进的管理经验，提高金融产品开发水平等，有利于我国商业银行效率的提高；而后者认为外资银行进入会与国内商业银行争夺高端客户，给国内商业银行的营利性、流动性和安全性造成潜在冲击，使国内商业银行被迫承担更高的风险，有损我国商业银行的效率。此外，张金清（2009）证实了外资银行进入存在一个“阈值”，在阈值区间内，外资银行进入对我国商业银行效率的影响是正面的，而一旦超出阈值区间，则会对我国商业银行效率产生负面影响。

因此，外资银行进入对商业银行效率影响具有两面性。影响机制可以表示为：

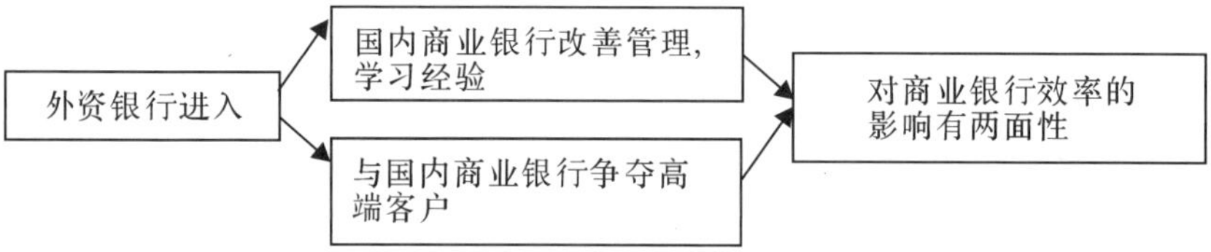

图 2.5　外资银行进入对我国商业银行效率的影响

2.2　影响商业银行效率的微观因素

2.2.1　银行规模与商业银行效率

商业银行效率与银行规模之间的关系可以从规模经济的角度进行相关解释。对于单个银行来说，银行规模的扩大可以降低单位固定成本，并且有利于银行采纳先进的技术，还有助于银行声誉的提高，吸收优秀的金融人才，降低银行业务的边际成本，从而提高银行业务的利润。

而就如同前面所提到的，当规模达到一定的上限后，银行业会出现规模不经济的现象。对于单个银行来说，可能表现为过度放贷带来的银行规模的扩大，这会使银行的贷款审批放松，为今后贷款的收回埋下隐患。

因此，从理论上来说，银行规模与商业银行效率的关系要遵循适度原则。

2.2.2 产权结构与商业银行效率

一般的理论认为，明确的产权可以对商业银行的经营活动形成良好的激励，减少“搭便车”行为的发生，从而有利于实现外部性内在化，对商业银行效率的提高起到明显的积极作用。

我国的商业银行大体可以分为国有商业银行和股份制商业银行，有很多文献证明影响国有商业银行和股份制商业银行效率的重要因素就是产权结构的差异。我国国有商业银行实际上并没有一个明确的机构来行使所有者的权利和责任，因而普遍存在所有者缺位的问题。相比国有商业银行实际产权不明晰，股份制商业银行的产权结构比较多元化，内部产权相对明确，外部有竞争机制的压力，经营的灵活性较高，因此其综合效率往往高于国有商业银行。

一般来说，产权的明确化和多元化对商业银行效率有正面影响。

2.2.3 中间业务与商业银行效率

总体来说，国内外学者普遍认为中间业务的发展对商业银行效率具有积极的影响，主要是基于以下几点：首先，中间业务占用的商业银行资本最少，且风险很小，在传统存贷差越来越小的现状下，中间业务可以给商业银行带来稳定且新兴的利润增长点。其次，中间业务的开展有利于与客户建立长期稳定的关系。最后，发展中间业务还有利于商业银行突破资本充足率等方面对传统业务的制约，提高其竞争力等。

但近年来，国内也有学者对此提出了质疑，认为中间业务的开展不一定与我国商业银行效率成正向关系，理由基于我国商业银行中间业务结构不合理，品种单一，主要还是净手续费和佣金收入的现状。此外，中间业务由于其收费的特性，会使客户更容易转换到其他提供类似服务的银行，即中间业务的波动性比较大等。

一般来说，中间业务占比提高有助于提升商业银行的利润效率。

2.2.4 资本水平与商业银行效率

资本水平一般用资本充足率指标来衡量，可表示为资本总额与加权风险资产总额的比例，反映了商业银行抵御风险的能力。为了防范商业银行经营风险，2010 年 9 月巴塞尔银行监管委员会（BCBS）召开央行行长及监管当局负责人会议（GHOS），明确规定了商业银行的最低资本充足率不得低于 8%，其中核心资本不低于风险资产的 6%。

资本充足率越高，说明银行安全系数越大，可以保证经营战略的持续性，从而抵御风险的能力和市场竞争实力越强。此外，在有限责任公司制度下，较高的资本充足率会使股东更关心商业银行的经营管理，优化配置，减少浪费，从而有利于商业银行配置效率的提高。

因此，一般而言资本水平与商业银行效率总体呈正相关关系。

2.2.5 资产质量与商业银行效率

国内外文献对资产质量与商业银行效率的关系几乎没有异议——商业银行资产质量越好，越有利于商业银行效率的提高。

不良贷款率是衡量商业银行资产质量的主要指标，若商业银行不良贷款率越高，说明贷款损失的可能性越大，这必将严重影响到商业银行的资产水平和盈利能力，也会阻碍商业银行再次放贷的可能性，从而增加商业银行发放贷款的成本和再融资成本。此外，不良贷款率的增加还会令商业银行提取更高比例的损失贷款准备金来预防损失贷款的发生，这又占用了商业银行的一部分资金，从而增加商业银行经营的机会成本。

因此，资产质量一般与商业银行效率成正比。

2.2.6 资源配置能力与商业银行效率

银行的资源配置能力反映了银行利用现有资源的能力，主要包括信贷资源的配置状况、综合盈利能力、资产流动性状况和费用率情况等。一般来说，资源配置能力与商业银行效率的关系也是比较明朗的，即资源配置能力越高，越有利于商业银行效率的提高。如存贷比是商业银行最主要的资源配置指标，反映的是商业银行资源配置效率和资产流动性程度，存贷比越高，说明商业银行资产的流动性水平越好，流动性管理方法越有效，经营效率也会得到改善。

因此，资源配置能力与商业银行效率一般呈正相关。

3

商业银行全要素生产率测度方法的发展及在中国的应用

3.1 商业银行全要素生产率研究

3.1.1 规模效率研究

早期的规模效率研究主要集中在商业银行规模效率（反映规模经济）、范围效率（反映范围经济）方面。Alhadeff（1954）是最早研究商业银行规模与效率关系的学者之一，他分析了1938—1950年美国加利福尼亚州210多家商业银行的投入—产出情况，其研究结论显示：银行业存在递增的产出规模效率和递减的成本规模效率。Schweiger和Megee（1961）在后续的研究中改进了Alhadeff在研究中未包括如信托经营等其他资产而导致单位平均成本难以准确计量的缺陷，以6 000余家美国商业银行为研究对象，分析了这些商业银行的费用成本情况。结果显示，随着存款规模的扩大，单一制银行的成本费用下降，存在显著的规模效率；而分行制银行的成本费用的规模效率并不明显。随后，Bell和Murphy（1968）运用边际分析技术，分析了不同规模商业银行的成本弹性，研究结论表明商业银行成本规模效率确实存在，且主要来源于分工。Beston等人（1982）运用超越对数函数模型，对比分析了单一制银行和分行制银行的效率，他们的结论刚好与Schweiger和Megee相反，即分行制银行的规模效率比单一制银行更加显著。

上述文献基本已经证实商业银行规模经济的存在，即在一定的规模以下，随着商业银行规模的扩大，其单位成本会降低。但超过这一规模以后，随着规模的进一步扩大，其单位成本会开始上升。于是，学者便开始寻找这一分界点，Baumol等人（1982）假定成本的增减比例与产出的规模及其构成相关，并首次运用规模弹性（Scale Elasticity）来衡量经济体的规模经济。在此基础上，Lawrence（1989）发现总资产小于1亿美元的商业银行具有规模经济，在总资产超过1亿美元的商业银行中，往往存在规模不经济或规模经济不明显的现象。Noulas等人（1990）研究了资产在10亿美元以上的美国商业银行，发现规模无效率出现在总资产60亿美元以上的商业银行，而Hunter等人（1990）将这一上限推高到了250亿美元，Shaffer和David（1991）则认为这一上限应该是370亿美元。Ashton 和 Barrow（1998）对英国银行业的研究表明，规模较小的银行具有较高的规模经济，总资产在50亿英镑以上的银行出现了规模不经济。Tseng（1999）对美国加利福尼亚州银行业规模经济的研究表明，加利福尼亚州银行业在1989—1991年存在规模不经济，而在1991—1994年则具有规模经济。对于规模上限问题，不同地区、不同时间段的研究都会得出不同的结论。但可以看出一个趋势，即随着时间的推移，商业银行的规模在不断地扩大，同时，规模的上限也在提高。

国内学者对于商业银行规模效率的研究也较为丰富，但与国外研究有所不同，我国学者对于商业银行规模效率的研究多数基于数据包络分析，并通过指数法计算规模效率。赵怀勇和王越（1999）论证了规模经济在银行业经营中的重要性，并指出了影响银行业规模经济的关键因素。徐传谌、郑贵廷和齐树天（2002）采用超越对数成本函数来测度商业银行的成本—规模弹性，指出以四大国有商业银行为代表的中国国有商业银行体系由于长期以来不良资产的积累以及在贷款发放中的所有制歧视等问题而普遍存在规模不经济问题。阚超等人（2004）同样采用超越对数成本函数方法进行研究，发现中国商业银行已经从20世纪90年代的整体规模不经济改变为如今的整体规模经济。徐春铭和李佳（2007）使用相同的方法对2000—2004年我国商业银行的规模经济效率进行了实证分析，结果表明我国银行业整体呈现出规模不经济的状态。王聪和邹朋飞（2003）分别从规模效率、范围效率的角度研究了商业银行效率，结果表明大型商业银行不存在规模效率，而中小型商业银行存在一定的规模效率。邹巍（2010）实证发现2006—2008年我国商业银行规模经济整体呈逐年上升趋势，但三家国有商业银行呈现趋于改善的规模不经济情况。

总体来说，国内文献单纯研究商业银行规模效率的并不多见，这与国内对商业银行的研究起步较晚有关。从现有的研究结论来看，我国银行业整体规模效率较差，并且大型国有商业银行基本表现为规模不经济，而规模相对较小的股份制商业银行存在一定的规模经济。

3.1.2 范围效率研究

20世纪80年代初至90年代，金融自由化的浪潮快速推进。各国开始在不同程度上放松对金融机构的管制。与此同时，商业银行为了摆脱金融管制而不断强化金融创新，使人们的注意力开始转移到金融业的混业经营模式上，理论界对银行效率的研究重点也转向范围经济。Baumol 等人（1982）提出假说，认为从事多种业务经营的商业银行可以享受到成本降低的好处或得到多种供给利益，混业经营的商业银行可以通过分摊固定成本、共享客户信息从而降低信息收集成本，并降低风险。Kolari 和 Zardkoohi（1990）运用聚类分析法设计了双产品业务范围经济效率程度比较模型，证明银行特别是大银行经营多种业务所带来的业务范围效率是明显的，但同时指出，只有这些业务与客户信息资源相关且能共享时，才能降低成本，提高银行效率。

范围效率的研究结论存在很大的争议，其原因可能与范围经济自身的定义不一致有关（Berger，Humphrey，1993；Clark，Speaker，1994）。鉴于银行产品的一致性，Berger 和 Humphrey（1993）从利润函数和成本函数出发提出了最佳范围经济效率（Optimal Scope Efficiency）的概念。他们认为，范围经济效率应既包括产出组合的收入效应，又包括投入组合的成本效应。国外对于范围经济的研究多以理论分析为主，实证方面的文章相对较少，原因是规模经济与范围经济密切相关，很难通过数理方法将两者区分开。而国内学者对范围经济的讨论更加缺乏，这与我国金融缺乏创新，不允许混业经营密切相关。

Cebenoyan 和 Cooperman 针对美国纽约联邦储备银行所管辖的小银行，运用函数进行测度和研究，该研究显示美国小银行的活期存款、定期存款以及银行贷款有着非常明显的范围经济存在。1994 年，Saunders 采用超越对数函数对多家世界性银行进行了研究和分析，研究结果显示收取利率和收取费用间存在范围不经济。Lang 等人（1996）对德国的银行业进行分析和研究，该研究称没有发现全能银行范围经济，但是德国小型合作银行中存在着明显的范围经济。

1993 年，Berger 和 Humphrey 第一次提出了对范围效率进行优化的想法，其研究指出范围效率不但应该包含投入组合的成本效应，同时还要包含产出组合的收入效应。最终，经过分析他们得出结论，即使银行采取多样化的经营方式也无法使银行的成本降低很多，因为银行范围效率非常低。Pulley 和 Humphrey（1993）在随后的研究报告中也指出，商业银行的范围经济会随着各国银行规模的不同而有所不同。

Roossi 在 2001 年对德国、荷兰以及意大利 1992—1997 年的数据进行研究和分析，该研究结果强调开展传统业务的银行存在着十分显著的成本非效率。但是，在同一年运用随机前沿法对德国、荷兰以及意大利 1992—1997 年的数据进行分析和研究，研究结果表明存在着范围效率，不论这些商业银行处于怎样的银行规模程度。随后，Deyoung 等人（2001）在对美国多家银行进行充分的分析和研究后，坚持表示银行效率和地域扩张两者之间没有十分明确的关系，跨州较多的银行和经营业务主要分布在一个地区的银行都有可能拥有很高的效率。1997 年，Berger 和 Mester 对理论界的前期研究成果做了分析，他们强调大部分美国银行存在着很大的规模经济。

对上述范围经济的研究成果进行总结分析，我们不难发现不同作者之间存在着诸多的结论分歧。同时也发现范围经济不仅包含由于分支机构的扩张所带来的效率，而且也包含产品的多元化所带来的效率。最后，我们也看到对银行规模经济的衡量通常和范围经济的分析结合在一起，并且许多学者同时把银行的规模经济以及范围经济一起进行分析和比较，随后据此来判断银行经营业务所取得的成果。经济学家认为其中的原因可能是相对于规模经济而言的，银行业的范围经济特征更容易受到不同的定义概念、技术测度方法甚至不同的国家地区以及银行之间具体情况的差异等诸多因素的影响，因此很难获得一般性或者普适性的范围经济的规律。

3.1.3 前沿效率研究

理论界对前沿效率的定义有许多种，其中较有影响力的一种定义是1957年Farrell提出的针对多种投入企业的技术效率、纯技术效率以及规模效率的定义。该定义将银行视为特殊的企业，同时该定义更适合于银行效率分析中的非参数法。1966年Leibenstein首次直接把前沿效率定义为效率，并且规定了除范围及规模的影响之外的所有技术效率以及配置效率。许多研究学者纷纷根据各自的研究目的以及研究需要，从各自不同的角度对银行的前沿效率进行了研究。

1. 商业银行技术效率研究

商业银行技术效率最早出现在1990年Aly等的研究中，他们随机挑选了美国300多家大型银行，同时度量了这些银行的规模效率以及技术效率。分析结果强调银行的规模以及效率之间具有正相关关系，并且发现银行业的技术效率很高，最终研究者给出结论，即位于其他地区的银行相对于大城市的银行更难达到较高的技术效率。1994年，Grabowsi等研究认为美国银行在20世纪80年代至90年代这段时期增大银行规模对提高银行的技术效率作用相当有限，同时他们也宣称美国银行此时的技术效率非常显著。

Berger等人（1995）的研究指出美国绝大部分地区的银行都采用了先进的电脑技术以及完备的通信设备，例如网上银行的出现甚至普及以及各银行对ATM机的广泛使用，这些变化都非常明显地提高了银行的技术效率。1996年Miller和Noulas对1984—1990年美国规模较大的银行的效率进行了全面的分析和研究，他们在研究中提到位于美国东北部的银行相对于别的地区的银行拥有较高的纯技术效率，同时研究结果也强调银行在小城市或者中等城市相对于在大城市较难收获更高的技术效率。1999 年，Iabla 对美国银行进行研究和分析，他坚持认为股权集中的银行其技术效率明显弱于股权分散的银行。

另外，长期以来，许多学者关于多大规模的银行刚好具备最佳的技术效率这一问题持有不一致的看法。Ferrier 与 Lovell 在 1990 年的研究中认为总资产规模在一亿美元以下的小型银行有最佳的技术效率。Grabowsi 等研究认为资产规模达到一亿美元左右的银行所具有的技术效率才是最高的。Miller 和 Noulas（1996）对十亿美元以上的银行做了研究，他们反复强调，资产规模的提升在收益率较高的前提条件下会有效地带动技术效率提高。

2. 商业银行成本效率、利润效率研究

伴随着对银行效率研究的不断深入和发展，学术界随后将目光更多地投向成本效率以及利润效率。

2002 年，Isik 等对土耳其商业银行的效率采用随机边界法进行测度，他们的研究报告一再强调土耳其商业银行的成本效率与利润效率之间不具备非常明显的相关性，并且坚持商业银行的成本效率十分明显地低于利润效率，同时他们也认为较高的利润效率并不一定需要较高的成本效率。Maudos 和 Pastor（2003）对西班牙的商业银行进行研究，时间跨度为 1986—1997 年，他们的研究结果显示商业银行标准利润效率高于替代利润效率，同时他们也发现银行的成本效率显著高于利润效率。他们的这一结论跟 Berger 等人的结论不一致。Berger 等人在 1997 年对美国的银行效率采用随机边界法进行了度量，并且在其研究结论中强调银行的利润效率明显高于成本效率，同时得出美国银行的标准利润效率也显著高于替代利润效率的结论。

2006 年，Kwan 应用随机前沿法对香港银行业的成本效率进行了深入分析和研究，他的研究结论指出银行的规模和效率低下，同时两者存在着显著的正相关关系，其中的原因可能是投资结构的影响。Rossi 等人（2005）采用 SFA 方法对罗马尼亚、捷克、斯洛文尼亚、爱沙尼亚、波兰、拉脱维亚、斯洛伐克、匈牙利、立陶宛等多个东欧国家的成本效率和利润效率进行实证分析，该研究的时间跨度为 1995—2002 年，他们的研究结果强调虽然总体上这几个国家的效率随着时间推移在不断地提高，但是成本效率和利润效率依然普遍较低。2007 年，Vencappa 和 Thi 对波兰、匈牙利和捷克等处于转型期的国家进行度量，其目的在于检验外资银行的进入是否对这些国家的银行效率发挥着作用，其研究结论强调外资银行的进入促进了国内银行效率水平的提升，并且一再坚持处于转型期的国家的银行的成本效率显著低于外资银行。同一年，Ansari 采取 DFA 研究法对巴基斯坦的银行效率也进行了度量，他的研究结论显示银行之间的成本效率差距非常明显，并且认为造成成本效率巨大差距的根本原因在于技术水平的不同以及不良贷款的数量。

20 世纪 90 年代以后，商业银行前沿效率研究根据方法的不同，主要可以分为两大类：参数法（Parametric Method）和非参数法（Non-Parametric Method）。前者需要设定明确的生产函数以确定生产前沿面，根据随机误差项的差异，又可以进一步分为随机前沿法（SFA）、厚前沿法（TFA）、自由分布法（DFA），其中 SFA 应用最为广泛；后者无须设定具体的生产函数，主要包括数据包络分析（DEA）和自由处置壳（FDH），其中又以 DEA 应用更为广泛。国内学者（刘琛、宋蔚兰，2004；姚树洁、冯根福、姜春霞，2004；王聪、谭政勋，2007）使用 SFA 对商业银行的成本效率、利润效率、X－效率进行了分析。比如，刘琛和宋蔚兰（2004）采用 SFA 对我国 4 家国有商业银行和 10 家股份制商业银行 1996—2001 年的 X－非效率进行了分析，发现四大国有商业银行的效率较低，上市银行的效率较高，但是国有商业银行与股份制商业银行的效率差距不断减小。王聪和谭政勋（2007）同样利用 SFA 测算了 1990—2003 年我国商业银行的 X－效率、规模效率、范围效率及其动态变化。同时，也有学者（李希义、任若恩，2005；郑录军、曹廷求，2005；杨大强、张爱武，2007；黄宪、余丹、杨柳，2008）使用 DEA 对相同的内容进行了研究。比如，李希义和任若恩（2005）采用基于投入的 DEA，评价了加入 WTO 之前中国股份制商业银行以效率为核心的绩效。黄宪、余丹和杨柳（2008）则运用 DEA 三阶段模型，对我国 13 家商业银行 1998—2005 年的 X－效率进行了实证分析。蔡跃洲和郭梅军（2009）基于 DEA 的 Malmquist 生产率指数法，对上市商业银行的全要素生产率进行测算和分解，实证结果表明上市商业银行全要素生产率总体略有下降，其中，技术变化出现下降，而纯技术效率和规模效率略有提高。

后续的研究或者侧重于对现有方法的完善，或者侧重于投入—产出变量的选取，使得测度的商业银行效率更加符合实际情况。针对近年来出现的商业银行不良贷款率上升的问题，国内已有学者开始将不良贷款作为一种坏产出引入商业银行效率研究中。比如柯孔林和冯宗宪（2008）引入不良贷款因素，利用 Malmquist-Luenberger 指数分析了中国银行业全要素生产率跨期动态变化，证明不考虑不良贷款会高估生产率增长。王兵和朱宁（2011）利用共同边界 Malmquist-Luenberger 指数测度了 2004—2009 年中国商业银行在不良贷款约束下的全要素生产率，发现总体上中国银行业的全要素生产率是进步的。张进铭等人（2012）同时分析了含不良贷款约束和无不良贷款约束的静态效率，发现不良贷款约束下的静态效率高于无不良贷款约束的静态效率。而柯孔林和冯宗宪（2013）运用全域 Malmquist-Luenberger 指数，再次估算了考虑不良贷款约束的商业银行效率，发现整体上有 0.73% 的效率提升。姜永宏和蒋伟杰（2014）采用 Malmquist-Luenberger 指数同时测度了含不良贷款约束以及无不良贷款约束的商业银行全要素生产率，发现不考虑不良贷款约束时，确实会存在对全要素生产率的高估问题。

3.2 商业银行效率估计方法

3.2.1 指数法

指数法（IN）提供了对投入和产出进行加总的理论动机，而关于生产技术的确切形式仍然是不可知的。例如，Solow（1957）在其初始的增长核算中使用如下方程计算全要素生产率增长：

$$\ln A_{it}^{IN} - \ln A_{it-1}^{IN} = \ln \frac{Q_{it}}{Q_{it-1}} - \left(\frac{S_{it}^{L} - S_{it-1}^{L}}{2}\right)\ln \frac{L_{it}}{L_{it-1}} - \left(1 - \frac{S_{it}^{L} + S_{it-1}^{L}}{2}\right)\ln \frac{K_{it}}{K_{it-1}} \tag{3.1}$$

式（3.1）右侧的所有变量都是可观测的：产出、投入以及工资占产出的份额（S^L）。指数法的最大优势在于计算的直接性（不需要进行估计），可以处理多产出多投入的情形，且允许灵活的异质的生产技术。技术变化可以是要素有偏的且仅需假设投入产出是可分离的。其主要的缺点在于模型的确定性本质以及需要对企业的行为以及市场结构进行假设。

3.2.2 参数估计法：最小二乘法、工具变量法

1. 最小二乘法（OLS）

参数估计法假设所有企业具有相同的投入替代以及规模报酬。生产函数的函数形式设定集中了生产率中的所有异质性，但是明确的随机框架很可能会使估计对测量误差不那么敏感。在已有的研究中，绝大多数文献的做法是估计一

个对数形式的科布—道格拉斯生产函数：

$$q_{it} = \alpha_0 + \alpha_l l_{it} + \alpha_k k_{it} + \omega_{it} + \varepsilon_{it} \tag{3.2}$$

ω_{it}代表企业了解的生产率差异，但是对于计量经济学家来说是不可观察的；ε_{it}刻画了其他来源的独立同分布误差。

投入参数的一致估计面临内生性问题，Marschak 和 Andrews（1944）最早对此进行了讨论。企业在知道它们自身生产效率的条件下选择投入，将产出对投入进行最小二乘回归会得到生产函数系数的非一致估计量。

由于投入加总在所有时间和企业中是一样的，可以直接计算生产率水平及其增长率：

$$\ln A_{it}^{OLS} - \overline{\ln A}_{t}^{OLS} = (q_{it} - \bar{q}_t) - \hat{\alpha}_l^{OLS}(l_{it} - \bar{l}_t) - \hat{\alpha}_k^{OLS}(k_{it} - \bar{k}_t) \tag{3.3}$$

$$\ln A_{it}^{OLS} - \ln A_{it-1}^{OLS} = (q_{it} - q_{it-1}) - \hat{\alpha}_l^{OLS}(l_{it} - l_{it-1}) - \hat{\alpha}_k^{OLS}(k_{it} - k_{it-1}) \tag{3.4}$$

2. 工具变量法（GMM）

估计 Blundell 和 Bond（1998）模型误差成分的一般方法首先应用于 Blundell 和 Bond（2000）对于生产函数的估计。生产率项被模型化为企业固定效应，并带有自回归成分（$\omega_{it} = \rho\omega_{it-1} + \eta_{it}$）。一个额外的项刻画了测量误差和暂时性的生产率冲击。对生产函数进行拟差分可以得到估计方程的动态表达式：

$$q_{it} = \rho q_{it-1} + \alpha_l(l_{it} - \rho l_{it-1}) + \alpha_k(k_{it} - \rho k_{it-1}) + \omega'_i + \underbrace{(\eta_{it} + \varepsilon_{it} - \rho\varepsilon_{it-1})}_{\varepsilon_{it}} \tag{3.5}$$

仍然需要矩条件来提供工具，因为投入会通过年生产率革新以及暂时性生产率冲击 ε_{it}和 ε_{it-1}而与复合误差项相关。

估计一阶差分形式的式（3.5）需要关注企业固定效应。在对于初始条件的标准外生性假设下，三期及以上的滞后投入产出与 $\Delta\varepsilon_{it}$不相关。三期滞后是必要的，因为一阶差分方程中包含的误差项可以回溯到 ε_{it-2}。该误差项直接影响两期滞后的产出，且企业会基于这一冲击选择两期以前的投入。额外的滞后项可以用于增加精确性。

Blundell 和 Bond（1998）通过理论以及一个实际应用说明这些工具变量

可以是弱的。如果愿意做额外的投入变化与企业固定效应无关的假设，且这一假设对于初始产出变化也成立，则这些变量的两期滞后一阶差分项是水平生产函数的有效工具变量。与之前一样，式（3.5）中出现的滞后误差项 ε_{it-1} 使得工具变量的额外滞后变得必不可少。生产函数被视为一个系统进行估计，将一阶差分和水平方程相结合，每一个方程都有一个合适的工具变量集合。再次使用式（3.3）、式（3.4）计算生产率。

3.2.3 参数法：随机前沿法、自由分布法、厚前沿方法

1. 随机前沿法

随机前沿法（Stochastic Frontier Approach，SFA）最早由 Aigner，Lovell，Schmidt（1977）和 Meeusen，Van Den Broeck（1977）提出，考虑到现实生活中企业生产经营活动会受到许多不确定因素的影响，如宏观经济环境、政治环境和社会环境等大环境方面的调整以及企业内部某些要素的变化，这些因素很多时候是企业无法控制的，却又很可能对企业生产经营活动产生重大影响，并最终通过各种直接或间接的方式引起企业产出、成本等发生变化。故而在微观主体效率研究中考虑此类随机误差因素的影响是必要的，具体实现方式是通过对随机边界函数方程中的技术无效率项和随机误差项做出不同的分布假设，而后根据此假定的生产函数形式对所有样本决策单元（Decision Making Unit，DMU）进行参数估计，通过测算得出位于有效前沿面上的 DMU，将其他非有效 DMU 与前沿面上 DMU 对应的投入、产出进行比较，从而得到单个 DMU 的效率情况。

随机前沿法在过去 40 年中经历了很多方面的改进和完善，包括数据运用由最初的截面数据发展到面板数据，函数形式由生产函数拓宽到成本函数，这样的演变也为三阶段 DEA 中第二阶段采用 SFA 成本函数形式剔除环境变量和随机误差因素对效率的影响提供了理论基础。

关于随机前沿法的文献对不可观测生产率成分的分布进行了假设，将其从随机扰动项中区分出来。该方法归功于 Aigner，Lovell，Schmidt（1977）以及 Meeusen，Van Den Broeck（1977），他们认为生产率是从负指数分布或半正态分布中随机抽样得到的。估计方法通常采用极大似然法。

2. 自由分布法

自由分布法（Distribution Free Approach，DFA）是由 Berger 和 Humphrey（1993）在早期面板数据的理论基础上提出的。与 SFA 的共同点在于将企业生

产函数中的误差项视为技术无效率和随机误差项的共同作用，与 SFA 的不同之处在于并未事先设定技术无效率和随机误差项的分布形式，而是假定各个 DMU 的营运效率或者说技术无效率在一段时间内是稳定的，而且随机误差项在样本期内是可以相互抵消使得其均值为零。与所有前沿分析方法对银行效率的定义一样，自由分布法将前沿面上的 DMU 视为能以最小成本获得最大产出的决策单元，在认定其效率值为 100% 的基础上将其他 DMU 与其相比得到各个 DMU 的相对效率值。另需注意的是，虽然 DFA 需要建立在面板数据和时间序列上，但测算结果并非是每个 DMU 在每个时点上的效率值，而是所有样本单元在样本期内的平均效率。

3. 厚前沿方法

厚前沿方法（Thick Frontier Approach，TFA）与 SFA 和 DFA 都有所不同，虽然最终方式是通过估计效率边界函数得到各个 DMU 的相对效率，但 TFA 在数据处理方法上有别于其他两种方法。TFA 通过将所有样本单元按规律排序，进一步分为四分位区间的两组分别代表所有样本中表现最好的与最差的，并假定技术无效率因素导致了两组样本的组间差异，随机因素导致了两组样本的组内差异，对两组样本数据进行估计得到效率边界函数，从而也代表了所有样本的平均效率情况。TFA 的优势在于简单易操作，缺点也很明显，在将样本划分为差异明显的两组进行参数估计时，既忽略了样本中极值点对效率的影响，也损失了介于两组样本之间的 50% 的样本信息，得到的一般效率结果可能也是不够准确的。

3.2.4　半参数估计法（OP）

该方法由 Olley 和 Pakes（1996）提出，他们为了估计美国通信设备行业重建的生产率效应而引入了该方法。该方法是令 CD 函数为 $Y_{it} = A_{it}L_{it}^{\beta_l}M_{it}^{\beta_m}K_{it}^{\beta_k}$，其中 M 为中间投入，对其两端取自然对数则：

$$y_{it} = \beta_0 + \beta_l l_{it} + \beta_m m_{it} + \beta_k k_{it} + u_{it} \tag{3.6}$$

上式中截距项和随机扰动项之和即为全要素生产率，而如此测度的全要素生产率在回归时会出现以下问题：①联立性问题，扰动项表征全要素生产率，而全要素生产率的变化会导致企业投入的变化，进而对产出有一定的影响，故随机扰动项与被解释变量出现了关联；②样本选择问题，在最小二乘法的经典假设下，样本需满足随机抽样，而在市场中效率较低的企业会在竞争中被淘汰，而效率较高的企业会存活下来，所以用此样本测度的 *TFP* 值会偏高。

为了解决内生性问题，可以将随机扰动项进一步分解为 $u_{it} = \omega_{it} + \eta_{it}$ ，其中 ω 表示全要素生产率，η 表示随机误差项或生产力冲击。假定资本积累按照永续盘存法形成，即 $k_{t+1} = (1 - \delta)k_t + i_t$，$i$ 表示投资，δ 表示折旧。Olley 和 Pakes（1996）假定企业的投资是生产率、资本和中间投入的函数，即将 $i_t = i_t(\omega_t, m_t, k_t)$ 代入式（3.6），可以得到：

$$y_{it} = \beta_l l_{it} + \phi_t(i_{it}, m_{it}, k_{it}) + \eta_{it} \tag{3.7}$$

式（3.7）即为半参数回归方程，该方程解决了联立性问题，为了解决样本选择问题，还要估计一个企业生存的概率方程：

$$\begin{aligned} \Pr\{x_{t+1} &= 1 \mid \underline{\omega}_{t+1}(k_{t+1}, m_{t+1}), J_t\} \\ &= \rho_t\{\underline{\omega}_{t+1}(k_{t+1}, m_{t+1}), \omega_t\} \\ &= \rho_t(i_t, m_t, k_t) \\ &\equiv P_t \end{aligned} \tag{3.8}$$

其中 J 表示当期的全部信息。于是，第一步，运用四阶多项式估计式（3.7），得到 β_l 和 ϕ_t ；第二步，利用 Probit 模型估计式（3.8），得到 P_t ；第三步，联立式（3.7）和式（3.8），然后通过 OLS 估计得到 β_m 和 β_k ；最后，通过“索洛余值”得到 *TFP* 值：

$$TFP_{it}^{OP} = \exp(y_{it} - \hat{\beta}_l l_{it} - \hat{\beta}_m m_{it} - \hat{\beta}_k k_{it}) \tag{3.9}$$

3.2.5 非参数法：数据包络分析、无界分析法

1. 数据包络分析（DEA）

数据包络分析，也叫非参数前沿估计，可以追溯到 Farrell（1957）的研究，并通过 Charnes，Cooper 和 Rhodes（1978）的努力得以实现，对于该方法在应用中的综述可以参见 Seiford 和 Thrall（1990）发表的文章。该方法无须假设特定的生产函数。相反，效率被定义为产出的线性组合与投入的线性组合的比率。投入的权重（u_l，u_k）以及产出的权重（v_q）直接通过最大化所考虑的单元的效率（生产率）而被确定，我们用 θ 来表示。不受控的观测对象被标

记为100%有效。受控发生于当其他企业或者其他企业的线性组合使用相同的权重对投入进行加总后，利用相同的投入总量生产更多的产出。

对于每一个观测对象，都需要单独求解线性规划。对于单元（厂商—年度）1，在单产出的情况下，问题为：

$$\begin{aligned} \max_{v_q,u_l,u_k} \theta_1 &= \frac{v_q Q_i + v^*}{u_l L_i + u_k K_i} \\ \text{s. t.} \quad & \frac{v_q Q_i + v^*}{u_l L_i + u_k K_i} \leqslant 1, i=1,2,\cdots,N \\ & v_q, u_l + u_k > 0; u_l, u_k \geqslant 0 \\ & v^* \geqslant 0 (v^* = 0 \text{ 表示规模报酬不变}) \end{aligned} \tag{3.10}$$

除了对于权重的符号进行限制之外，仅有的限制为当相同的权重应用于不同企业时，所有企业 i 的效率不能超过100%。为了更好地定义问题，需要进行标准化，将式（3.10）中的所有投入产出权重翻倍，生产率的估计值不会变化。通常选择将 $u_l L_i + u_k K_i$ 设定为1。v^* 是一个互补的冗余变量以允许规模报酬可变。在规模报酬不变的条件下（$v^*=0$），生产前沿在产出加总的投入空间中是一条穿过原点的射线；在规模报酬可变的条件下，它是所有生产计划的分段线性包络线。

效率测量值 θ_i 可以理解为单元 i 与最有效率的单元之间的生产率差异：$\theta_i = A_i / A_{\max}$。生产率水平及增长率估计值相对于其他方法获得的估计值可以定义为：

$$\ln A_{it}^{DEA} - \overline{\ln A_t^{DEA}} = \ln\theta_{it} - \frac{1}{N_t}\sum_{j=1}^{N_t} \ln\theta_{jt} \tag{3.11}$$

$$\ln A_{it}^{DEA} - \ln A_{it-1}^{DEA} = \ln\theta_{it} - \ln\theta_{it-1} \tag{3.12}$$

系数 θ 是在以所有企业—年度作为独立观测对象的全样本的基础上估计得到的。转化并不会改变企业的排序，仅会改变生产率水平以及生产率增长率的绝对数。

DEA 的主要优势在于无须设定函数形式或企业行为假设。潜在的技术完全不需要设定，并且允许技术在企业间变化。线性加总在活动分析框架下是十分自然的。每家企业都考虑一个独立的过程，可以通过其他企业的组合来复制被调查企业的生产计划。在此基础上，Färe 和 Grosskop（1994）的研究将静态效率扩展到了动态效率。假设对于每一时期 $t=1, 2, \cdots, T$ 都存在一个从 $x^t \in R_+^N$ 到 $y^t \in R_+^M$ 的映射 S^t，且可表示为：

$$S^t = \{(x^t, y^t): x^t \text{ 的投入可以产出 } y^t\} \tag{3.13}$$

则，t 时期的 Shephard 产出距离函数可定义为：

$$\begin{aligned} D_O^t(x^t, y^t) &= \inf\{\theta:(x^t, y^t/\theta) \in S^t\} \\ &= \sup\{\theta:(x^t, \theta y^t) \in S^t\}^{-1} \end{aligned} \tag{3.14}$$

Malmquist 指数以距离函数定义，为了计算这一指数需定义跨期的距离函数：

$$D_O^t(x^{t+1}, y^{t+1}) = \inf\{\theta:(x^{t+1}, y^{t+1}/\theta) \in S^t\} \tag{3.15}$$

该函数给出了在 t 时期的技术情况下，给定 x^{t+1}，产出 y^{t+1} 所能被放大倍数的倒数，同样也可以定义在 $t+1$ 时期的技术情况下，给定 x^{t+1}，产出 y^{t+1} 所能被放大倍数的倒数，我们把它称为 $D_O^{t+1}(x^t, y^t)$。则 Malmquist 指数可以表示为：

$$M^t = \frac{D_O^t(x^{t+1}, y^{t+1})}{D_O^t(x^t, y^t)} \tag{3.16}$$

该定义以 t 时期技术水平为参考技术，同理以 $t+1$ 时期技术为参考技术可得：

$$M^t = \frac{D_O^{t+1}(x^{t+1}, y^{t+1})}{D_O^{t+1}(x^t, y^t)} \tag{3.17}$$

为避免定义不清，可以取式（3.16）和式（3.17）的几何平均值来定义 Malmquist 指数：

$$M_O(x^{t+1}, y^{t+1}, x^t, y^t) = \left[\left(\frac{D_O^t(x^{t+1}, y^{t+1})}{D_O^t(x^t, y^t)}\right)\left(\frac{D_O^{t+1}(x^{t+1}, y^{t+1})}{D_O^{t+1}(x^t, y^t)}\right)\right]^{1/2} \tag{3.18}$$

在规模报酬不变（CRS）的条件下，结合图 3.1 可以将式（3.18）进一步改写为技术变化和技术效率变化：

$$M_O(x^{t+1},y^{t+1},x^t,y^t) = \underbrace{\frac{D_O^{t+1}(x^{t+1},y^{t+1})}{D_O^t(x^t,y^t)}}_{EFFCH}\underbrace{\left(\frac{D_O^t(x^{t+1},y^{t+1})}{D_O^{t+1}(x^{t+1},y^{t+1})}\frac{D_O^t(x^t,y^t)}{D_O^{t+1}(x^t,y^t)}\right)^{1/2}}_{TECHCH} \tag{3.19}$$

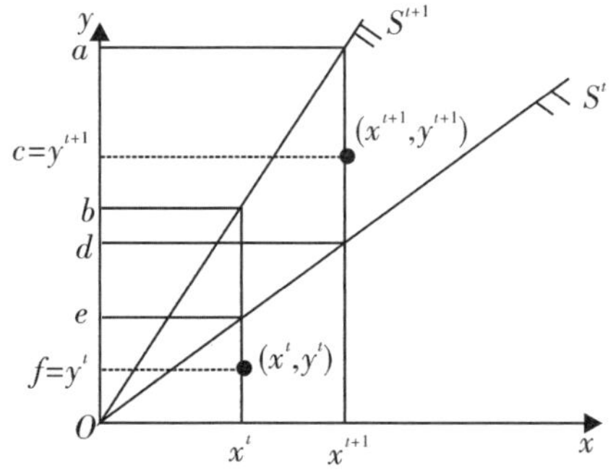

图 3.1 在 CRS 的条件下产出衡量的 Malmquist 指数

在规模报酬可变的条件下，可进一步将技术效率分为纯技术效率，即可变规模报酬下的技术效率和规模效率。如图 3.2 所示，以图中 *A* 点为例，纯技术效率指 *AD* 对 *VRS* 前沿面产出 *BD* 的比值，技术效率指 *AD* 对 *CRS* 前沿面产出 *CD* 的比值，而规模效率可以定义为纯技术效率和技术效率的比值（Førsund et al.，1979；Banker et al.，1984）。

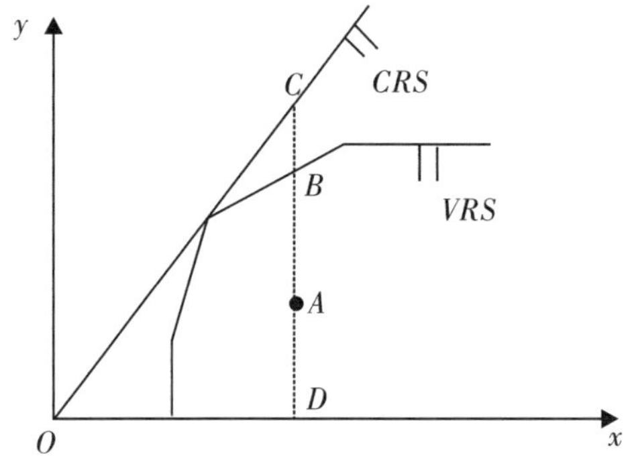

图 3.2 技术效率与规模效率变化

在使用 $n=1, 2, \cdots, N$ 项投入 $x_n^{k,t}$ 生产 $m=1, 2, \cdots, M$ 种产出 $y_m^{k,t}$ 时，要求得 Malmquist 指数只需解下述线性规划问题：

$$\max\theta^k = \left[D_O^t(x^{k,t}, y^{k,t}) \right]^{-1}$$
$$\text{s.t.} \begin{cases} S^t = \{(x^t, y^t): y_m^t \leqslant \sum_{k=1}^{K} z^{k,t} y_m^{k,t}\} \\ \sum_{k=1}^{K} z^{k,t} x_n^{k,t} \leqslant x_n^t \\ z^{k,t} \geqslant 0 \end{cases} \tag{3.20}$$

综上所述，Malmquist 指数可以分解为：

$$\begin{aligned} M_O(x^{t+1}, y^{t+1}, x^t, y^t) &= TECHCH \times EFFCH \\ &= TECHCH \times PECH \times SECH \end{aligned} \tag{3.21}$$

式（3.21）中的 *TECHCH*、*EFFCH*、*PECH*、*SECH* 分别代表技术变化指数、技术效率变化指数、纯技术效率变化指数和规模效率变化指数。

2. 无界分析法

无界分析法（FDH）是在 DEA 基础上放松凸性假设条件的一种变形，但是此方法在实际分析中很少运用。另因为 FDH 构造出的前沿面很多情况下是位于 DEA 构造的前沿面的内部，使得 FDH 测算出的效率值通常都要大于 DEA 的效率值。

3.2.6 效率估计方法小结

在分析了各种测度生产率的方法后，我们对每一种方法的优缺点进行归纳整理。首先考虑三种参数估计法，参数估计法需要对生产函数进行设定，具有很强的主观性。不仅如此，使用该方法进行估计时，对于不同类型的数据需要使用不同的计量方法进行估计，且在数据质量未知的情况下会产生有偏差的估计量。对于最小二乘法，考虑到投入和不可观测生产率之间的同时性问题会导致内生性，所以通常不使用这一方法。参数估计法的缺点在于相对于生产率水平而言，对于生产率增长率的估计更不准确。

使用工具变量法虽然可以在一定程度上克服内生性问题，但会带来新的问题，且对数据的要求较高。对于随机前沿法，除非满足生产率差异不随时间变化，产出是被精确衡量的，而且观测对象拥有相同的技术等条件，否则该方法无法得到生产率水平的精确估计。

再考虑非参数法，对于指数法而言，除非认为数据中存在大量测量误差，否则该方法可以得到一致的生产率增长估计量，但该方法需要对企业的行为以及市场结构进行假设。对于数据包络分析而言，尽管不是估计生产率增长最理想的方法，但如果技术在企业间可变且规模经济可变的条件下，它仍然是一个更好地估计生产率水平的方法。

参数法根据明确的生产函数能得到反映 DMU 投入产出关系的较为准确的效率值，非参数法则不需要设定具体的生产函数形式，具有更强的可操作性。在实际研究中，要得到商业银行投入产出之间精确的函数关系是非常困难的，也由于商业银行经营过程的复杂性，生产函数形式往往不表现为简单的线性关系。运用非参数法能较方便地处理这些问题，但其缺点也是存在的，主要表现为非参数法没有考虑误差因素的影响，效率估计值可能存在偏误。参数法则将随机误差项放入模型中，降低了其对效率测算的干扰。

3.3 DEA 模型的介绍

3.3.1 传统 DEA 模型

DEA 是一种适用于多投入、多产出的非参数效率评价方法，其采用线性规划方法构造出包含若干个 DMU 的有效前沿边界，以每个 DMU 的当前生产点与有效前沿面的距离作为效率高低的评价指标。若测算的效率值为 1，则该 DMU 位于前沿面上，即为有效；效率值为 0 ~ 1，则该 DMU 无效，与前沿面的距离即为效率损失，在投入导向或产出导向下的经济含义分别为与有效 DMU 处于同一产出水平下相应的投入冗余比例或相同投入条件下可增加的产出比例。

对于我国商业银行，可以定义其投入、产出变量，通过 DEA 构造出有效前沿面，对各商业银行分别进行一次测算得到每家商业银行的生产效率。我国商业银行的 DEA 效率测算模型如下：

称 $\theta_j = \frac{u^T Y_j}{v^T X_j} = \frac{\sum_{r=1}^{s} u_r y_{rj}}{\sum_{i=1}^{m} v_i x_{ij}} (j = 1,\cdots,n)$ 为第 j 家商业银行 DMU_j 的效率评价指数。

则在规模报酬不变假设下的 CCR 模型为：

$$\begin{cases} \max\theta_o = \dfrac{\sum_{r=1}^{s} u_r y_{ro}}{\sum_{i=1}^{m} v_i x_{io}} \\ \text{s. t.} \dfrac{\sum_{r=1}^{s} u_r y_{rj}}{\sum_{i=1}^{m} v_i x_{ij}} \leqslant 1 \end{cases} \tag{3.22}$$

其中，$j = 1,\cdots,n$；$u_r \geqslant 0$；$v_i \geqslant 0$；$\forall r,i$。

其中 x_{ij}、y_{rj} 分别为第 j 家银行第 i 种投入和第 r 种产出，每家商业银行均有 s 个产出指标和 m 个投入指标，投入、产出向量分别为 $X_j(x_{1j},x_{2j},\cdots,x_{mj})^{\mathrm{T}} > 0$；$Y_j(y_{1j},y_{2j},\cdots,y_{sj})^{\mathrm{T}} > 0$；$j = 1,\cdots,n$。投入、产出的权向量分别为 $v = (v_1,v_2,\cdots,v_m)^{\mathrm{T}}, u = (u_1,u_2,\cdots,u_s)^{\mathrm{T}}$。为最大化 θ_o。Charnes 和 Cooper（1963）提出分式规划的 Charnes-Cooper 变换，得到如下线性规划模型：

$$\begin{cases} \min\theta_o \\ \text{s. t.} \sum_{j=1}^{n} x_{ij}\lambda_j \leqslant \theta x_{io} (i = 1,\cdots,m), \sum_{j=1}^{n} y_{rj}\lambda_j \geqslant y_{ro} \end{cases} \tag{3.23}$$

其中 $r=1$，…，s；$\lambda_j \geqslant 0$，$j=1$，…，n。

上述模型是以样本银行中“最优”的商业银行作为参照对象，所得效率均为相对效率且小于等于 1。CCR 模型测算出的效率值为综合技术效率，在此基础上增加一个凸性假设：$\sum_{j=1}^{n} \lambda_j = 1$，即假定规模报酬是可变的，则得到 BCC 模型。BCC 模型可将综合技术效率分解为纯技术效率和规模效率，三者的关系为：

综合技术效率 = 纯技术效率 × 规模效率

其中，纯技术效率衡量规模报酬可变假设下 DMU 与生产前沿面的差距，规模效率衡量规模报酬可变假设下和规模报酬不变假设下两个生产前沿面的差距。

3.3.2 三阶段 DEA 模型

在上文对国内效率研究的文献梳理过程中，我们给出了三阶段 DEA 模型的基本原理，即通过调整第一阶段的原始投入值（或原始产出值），以达到剔除环境变量和随机误差因素对效率影响的目的，使得第三阶段 DEA 效率值更真实地反映银行经营管理效率。此处将重点介绍三阶段 DEA 方法中每个阶段的数量模型。

1. 第一阶段：BCC 模型

根据 Fried 等人（2002）提出的三阶段 DEA 原理可知，第一阶段的效率模型即为传统 DEA 模型中的 BCC 模式，它是在假设规模报酬可变的条件下，将技术效率分解成纯技术效率和规模效率。由于在前文的传统 DEA 模型中详细介绍了 BCC 模型，故在此不再赘述第一阶段的数量模型。

2. 第二阶段：SFA 模型

在第一阶段的传统 DEA 效率测算结果中，还能得到样本中每个 DMU 相对于有效 DMU 而言的投入差额值或产出差额值，其表示的含义为各个 DMU 的实际投入或产出与达到有效状态下的最佳投入或产出之间的差额值。建立以投入差额值为因变量，影响商业银行效率的环境变量为自变量的包含随机误差因素的 SFA 模型，延续第一阶段中的假设，有 n 个 DMU，每个 DMU 均有 s 个产出指标和 m 个投入指标，并假定环境变量有 P 个，SFA 模型如下：

$$s_{ij} = f^{i}(z_j;\ \beta^{i}) + \nu_{ij} + u_{ij}\quad (i=1,\ 2,\ \cdots,\ m;\ j=1,\ 2,\ \cdots,\ n) \tag{3.24}$$

其中，s_{ij} 为第 j 个 DMU 对应于第 i 项投入的差额值；$z_j = (z_{1j},\ z_{2j},\ \cdots,\ z_{Pj})$ 表示第 j 个 DMU 的 P 个环境变量观测值；$\beta^{i} = (\beta_1,\ \beta_2,\ \cdots,\ \beta_P)$ 表示对应 P 个环境变量的待估参数，$f^{i}(z_j;\ \beta^{i})$ 表示环境变量对投入差额的影响函数形式，一般直接将其视作线性函数。即

$f^i(z_j;\beta^i) = z_{1j}\beta_1 + z_{2j}\beta_2 + \cdots + z_{Pj}\beta_P$；$\nu_{ij} + u_{ij}$ 为方程中的复合误差项，其中 ν_{ij} 代表随机误差因素，u_{ij} 代表第 j 个 DMU 的管理无效率。根据 Fried 的观点，假设 $\nu_{ij} \sim N(0,\sigma_{i\nu}^2)$，$u_{ij} \sim N(\mu_i,\sigma_{iu}^2)$ 服从的是截断的非负正态分布，且 ν_{ij} 与 u_{ij} 之间是相互独立不相关的。根据 Battese 和 Corra（1977）的定义，设定 $\gamma = \sigma_u^2/(\sigma_u^2+\sigma_v^2)$，Fried 等人（2002）提出，当 γ 无限趋近于 1 时，表示对于第 i 项投入而言，投入差额主要来源于管理无效率 u_{ij}，当 γ 趋近于 0 时，则相反，表示投入差额主要由随机误差因素 ν_{ij} 引起。

由 SFA 回归结果可以得到参数 β^i、σ_{iu}^2、$\sigma_{i\nu}^2$ 和 u_i 的估计值，然后根据三阶段 DEA 调整思路，为了剔除外部环境变量和随机误差因素对效率的影响，即将所有 DMU 调整至相同的经营环境和运气状况下。以投入导向型为例，Fried 给出的实现方式有两种：一是将所有 DMU 统一调整至最差的经营环境中，这就要求对所有处于有利环境中的 DMU 增加其投入以达到环境最差的 DMU 的投入水平；二是将所有 DMU 统一调整至最好的经营环境中，这就要求对所有处于不利环境中的 DMU 减少其投入以达到环境最好的 DMU 的投入水平。第二种方式在减少 DMU 的投入时可能出现极端情况使得投入值为零，为避免此类情况，本书采用第一种方式。

基于上述分析，分别根据环境最差和运气最差的 DMU 的投入差额对每个 DMU 进行如下调整：

$$x_{ij}^* = x_{ij} + (\max\{\beta_k^i z_k^i\} - \beta_j^i z_j^i) + (\max\{\nu_{ik}\} - \nu_{ij})\ (i = 1,2,\cdots,m;\ j = 1,2,\cdots,n) \tag{3.25}$$

其中 x_{ij}^* 和 x_{ij} 分别表示第 j 个 DMU 第 i 项投入的调整后和调整前的实际值，$\max\{\beta_k^i z_k^i\} - \beta_j^i z_j^i$ 表示在某观测年份将第 j 个 DMU 的第 i 项投入调整至样本中由环境变量导致的第 i 项投入的最大冗余水平，其中 $\max\{\beta_k^i z_k^i\}$ 代表第 i 项投入中经营环境最差的 DMU；$\max\{\nu_{ik}\} - \nu_{ij}$ 则是将第 j 个 DMU 的第 i 项投入调整至由运气最差导致的投入冗余水平，其中 $\max\{\nu_{ik}\}$ 则代表第 i 项投入中运气最差的 DMU。

为了实现上述调整，首先要得到 ν_{ij} 的估计值，而 Fried 在文章中指出可以借助 Jondrow 等人（1982）的方法得到管理无效率 u_{ij} 的条件估计值，再根据式（3.24）可以计算出随机误差因素 ν_{ij} 的条件估计值。由于 Jondrow 等人对 u_{ij} 的条件估计值是基于生产函数的，并不适合于采用随机成本边界函数的三阶段 DEA 方法（罗登跃，2012），对管理无效率的条件进行估计正确的公式应为：

$$E(u_i \mid \varepsilon_i) = \frac{\lambda\sigma}{1+\lambda^2}\left[\frac{\phi(\varepsilon_i\lambda/\sigma)}{\Phi(\varepsilon_i\lambda/\sigma)} + \frac{\varepsilon_i\lambda}{\sigma}\right] \tag{3.26}$$

其中，$\lambda = \sigma_u/\sigma_v$，$\phi(\cdot)$ 和 $\Phi(\cdot)$ 分别为标准正态分布的密度函数和分布函数。

3. 第三阶段：调整后的传统 DEA 模型

根据第二阶段 SFA 的调整过程，将 DMU 调整后的投入值与原始的产出值重新代入第一阶段 BCC 模型中进行效率测算，得到的效率值便是剔除了环境变量和随机误差因素后纯粹反映 DMU 经营管理水平的值。

3.3.3 超效率 DEA 模型

CCR 模型在进行效率评价时，经常会出现多个 DMU 效率值为 1 的情形，使得有效的 DMU 间无法进行比较。随着研究的深入，为实现对多个有效 DMU 进行再排序，Andersen 和 Petersen（1993）提出了超效率（Super-efficiency）的概念，它是将待评价的 DMU 从效率边界中剔除，以剩余的 DMU 为基础形成新的效率边界，并计算剔除的 DMU 到新的效率边界的距离。由于剔除的 DMU 不被效率边界所包围，从而计算出来的新效率值就会大于 1，进而便于对有效 DMU 进行排序和比较。

超效率 DEA 模型可以在式（3.23）的基础上修改为：

$$\begin{cases} \min\theta_o \\ \text{s. t.} \sum_{\substack{j=1 \\ j\neq k}}^{n} x_{ij}\lambda_j \leqslant \theta x_{io}\,(i = 1,\cdots,m),\ \sum_{\substack{j=1 \\ j\neq k}}^{n} y_{rj}\lambda_j \geqslant y_{ro} \end{cases} \tag{3.27}$$

其中 $r=1$，…，s；$\lambda_j \geqslant 0$，$j=1$，…，$k-1$，$k+1$，…，n。

4 中国上市商业银行的全要素生产率测度

4.1 背景及现状

尽管在20世纪80年代中期，中国银行业就已经启动改革了，但是直到1997年，随着亚洲金融危机的爆发，中国银行业的改革才开始大规模展开。近二十几年来，立法、补充资本金、剥离不良资产、注资、股份制改造以及上市等成为我国商业银行改革的主要内容和措施。截至2010年7月16日，中国农业银行在内地和香港上市，至此占中国银行业主导地位的四大国有商业银行已经全部上市，与此同时，其他股份制商业银行和城市商业银行也纷纷完成上市之旅。2007年以来，受美国次贷危机的影响，欧美银行业进入调整期，与此同时，中国银行业的表现则十分抢眼。根据英国《银行家》杂志的年度排名，2011年中国银行业利润占全球利润近三分之一。在其公布的全球银行盈利排名中，中国工商银行、中国建设银行和中国银行占据了前三甲，而中国工商银行已经连续两年盈利排第一。与此同时，国内外对中国银行业的态度也发生了重大变化，从对中国银行业的质疑，转变为对中国银行业改革的认可和赞同。本部分选择基于DEA的Malmquist指数法对商业银行的效率进行分析。

4.2 样本选择与指标选取

4.2.1 样本选择

考虑到数据的可得性、可比性等因素，本书选取了到目前为止已经公开上市的16家商业银行2005—2011年的投入、产出数据，并构建面板数据加以分析。其中包括4家国有商业银行（中国工商银行、中国建设银行、中国农业银行、中国银行），9家股份制商业银行［交通银行、招商银行、兴业银行、中信银行、浦发银行、民生银行、华夏银行、光大银行、平安银行（原深圳发展银行）］和3家城市商业银行（北京银行、南京银行和宁波银行）。所选的商业银行从资产规模最大的中国工商银行到小规模的城市商业银行，如南京银行，囊括了国内大多数较有影响的商业银行，基本能反映我国银行业的整体效率水平与管理面貌。

4.2.2 指标选取

因为我国目前的企业融资主要还是以银行间接融资方式为主，所以本书选择中介法来确定投入、产出指标。本书中的投入、产出指标数据，都是从各商业银行公开发布的年度报表中收集的。由于财务报表编制遵循统一的会计准则，且需经过社会中介机构审计，因此，各指标在数据口径上具有较强的可比性。由于各商业银行的年度报表涉及“本集团”及“本行”两种口径，考虑到本书旨在衡量商业银行的综合经营效率，且中国建设银行在2008年前只报告集团的财务状况，为了保持口径的一致性，在分析时对所有商业银行的投入、产出指标取其在“本集团”中报告的数值。

其中：

利息收入＝总生息资产利息收入＝贷款和垫款利息＋债券投资利息＋存放中央银行款项利息＋存放和拆放同业及其他金融机构存款利息（含买入返售）＋金融资产

非利息收入＝手续费及佣金收入＋投资收益＋公允价值变动损益＋汇兑损益＋其他业务收入

利息支出＝总计息负债利息支出＝客户存款利息支出＋同业及其他金融机构和拆入款项利息支出（含卖出回购金融资产）＋发放债券及其他利息支出

营业支出＝营业收入－营业利润

4.3 实证分析

4.3.1 Malmquist 指数计算分解

使用DEAP 2.1软件，对我国16家上市商业银行2005—2011年的全要素生产率的变化情况进行计算，并将 Malmquist 指数分解为技术效率变化指数和技术变化指数，其中技术效率变化指数又进一步分解为纯技术效率变化指数和规模效率变化指数，结果详见表 4.1 和表 4.2。

表 4.1　2005—2011 年各年所有上市商业银行平均 Malmquist 指数及其分解

年份	技术效率变化指数	技术变化指数	纯技术效率变化指数	规模效率变化指数	全要素生产率变化指数
2005—2006	0.985	0.992	0.994	0.991	0.977
2006—2007	1.012	0.993	1.004	1.008	1.005
2007—2008	0.997	0.984	1.001	0.997	0.981
2008—2009	1.008	1.037	1.004	1.004	1.045
2009—2010	1.006	1.008	0.999	1.007	1.014
2010—2011	1.002	0.997	0.999	1.002	0.999
平均	1.002	1.002	1.000	1.002	1.004

注：各年指数均为所有上市商业银行指数的几何平均值；平均值又是各年数据的几何平均值。

表 4.2　2005—2011 年各个上市商业银行平均 Malmquist 指数及其分解

银行	技术效率变化指数	技术变化指数	纯技术效率变化指数	规模效率变化指数	全要素生产率变化指数
中国工商银行	1.004	1.021	1.000	1.004	1.025
中国农业银行	1.007	0.976	1.000	1.007	0.983
中国银行	1.000	1.039	1.000	1.000	1.039
中国建设银行	1.001	1.001	1.000	1.001	1.002
交通银行	1.000	0.990	1.000	1.000	0.990
中信银行	1.012	0.988	1.012	1.000	1.001
民生银行	1.000	1.014	1.000	1.000	1.014
华夏银行	0.989	1.012	0.989	1.000	1.001
招商银行	1.000	0.982	1.000	1.000	0.982
浦发银行	1.000	0.969	1.000	1.000	0.969
平安银行	1.000	1.012	1.000	1.000	1.012

（续上表）

银行	技术效率变化指数	技术变化指数	纯技术效率变化指数	规模效率变化指数	全要素生产率变化指数
兴业银行	1.000	1.067	1.000	1.000	1.067
光大银行	1.000	0.954	1.000	1.000	0.954
南京银行	1.000	0.982	1.000	1.000	0.982
宁波银行	1.000	1.035	1.000	1.000	1.035
北京银行	1.012	0.990	1.002	1.010	1.002
平均	1.002	1.002	1.000	1.001	1.004

注：各年指数均为所有上市商业银行指数的几何平均值；平均值又是各商业银行指数的几何平均值。

结合表4.1和表4.2结果，可以得出以下一些结论：

（1）从整体来看，2005—2011年16家商业银行，除纯技术效率变化指数外，其他各个效率变化指数都得到提高，其中全要素生产率变化指数平均提高了0.4%，效率改善情况并不是十分显著。但通过表4.2可以看到，不同商业银行之间以及同一商业银行不同年份的全要素生产率变化指数仍然存在较大的差异，且这些差异随时间推移并没有明显减弱，换句话说趋同效应不显著。

（2）从年份来看，各个效率变化指数在不同年份间很不稳定，其中，2008—2009年16家商业银行的全要素生产率变化指数提高最为明显，达到了4.5%；而2005—2006年全要素生产率变化指数退步最大，16家商业银行平均退步了2.3%。

（3）从不同银行来看，2005—2011年平均全要素生产率变化指数提高最多的3家商业银行是兴业银行、中国银行和宁波银行，它们的全要素生产率变化分别为6.7%、3.9%和3.5%；而下降最为明显的两家商业银行为光大银行和浦发银行，分别降低了4.6和3.1百分点。中信银行、华夏银行、北京银行、中国建设银行这4家银行的全要素生产率变化指数在7年间几乎没有变化。

（4）从构成来看，2005—2011年全要素生产率变化构成中，技术变化对全要素生产率变化的贡献最大，平均每年有0.2%的技术变化，即生产前沿面平均每年向上移动0.2百分点；其次是规模效率的提高，7年间规模效率以年均0.1%的速度向最优规模靠近，同时也促进了全要素生产率的提高；而纯技术效率没有发生显著的变化，说明7年间16家商业银行之间的平均“追赶效应”几乎为零。

4.3.2 比较分析

1. 产权性质

现有的研究多数表明产权性质的差异会对商业银行全要素生产率产生一定的影响，为了区分产权性质对于商业银行全要素生产率的影响，本书对不同产权性质商业银行的全要素生产率做了比较分析。从表4.3可以看到，三类商业银行中国有商业银行的全要素生产率提高最快，城市商业银行次之，而股份制商业银行出现了效率退步。这说明产权改革与商业银行效率的提高，并不存在必然的因果关系，也证明了郎咸平（2003）提出的“银行改革产权无关论”。从构成来看，国有商业银行技术变化最为明显，年均有0.9%的技术变化；城市商业银行也达到了年均0.2%的技术变化；而股份制商业银行出现了技术退步的现象。此外，从表征“追赶效应”的纯技术效率变化指数看，各类型商业银行几乎都为“1”，说明不存在明显的“追赶效应”。在规模效率变化指数上，城市商业银行和国有商业银行十分接近，且都明显好于股份制商业银行。

表4.3 2005—2011年平均Malmquist指数及其分解（基于产权性质）

产权性质	技术效率变化指数	技术变化指数	纯技术效率变化指数	规模效率变化指数	全要素生产率变化指数
国有	1.003	1.009	1.000	1.003	1.012
股份制	1.000	0.998	1.000	1.000	0.998
城市	1.004	1.002	1.001	1.004	1.006

2. 规模大小

除了商业银行的产权性质以外，其规模也在一定程度上影响了全要素生产率。笔者决定使用各商业银行2005—2011年平均存款总额区分银行规模。具体分类标准为平均存款总额超过10 000亿元的商业银行定义为“大规模”，平均存款总额在5 000亿元到10 000亿元之间的商业银行定义为“中规模”，平均存款总额小于5 000亿元的商业银行定义为“小规模”。经过分类，大规模商业银行包括中国工商银行、中国建设银行、中国农业银行、中国银行、交通银行、招商银行、中信银行、浦发银行；中规模商业银行包括兴业银行、民生银行、华夏银行、光大银行；小规模商业银行包括平安银行、北京银行、南京银行和宁波银行。从表4.4列示的结果看，7年来大规模商业银行的全要素生产率发生了退步，而中小规模商业银行的全要素生产率则有所提高。究其原因，可以发现大规模商业银行出现了年均0.4%的技术退步，虽然这些商业银行的平均纯技术效率和规模效率都有小幅的提升，但其全要素生产率还是出现了下降的情况；中规模商业银行的情况与大规模商业银行刚好相反，此类商业银行技术进步十分明显，但由于技术效率的降低阻碍了全要素生产率的进一步提升；相对于前两类商业银行，小规模商业银行的表现更为出色，此类商业银行的技术变化和效率都有了一定的提高。本书的研究支持林毅夫、徐滇庆等提出的发展中小金融机构的观点。

表4.4 2005—2011年平均Malmquist指数及其分解（基于规模大小）

规模大小	技术效率变化指数	技术变化指数	纯技术效率变化指数	规模效率变化指数	全要素生产率变化指数
大规模	1.003	0.996	1.001	1.002	0.998
中规模	0.997	1.011	0.998	1.000	1.008
小规模	1.003	1.005	1.000	1.003	1.008

3. 系统重要性

自2008年次贷危机以来，对于金融机构特别是大型金融机构的监管受到了前所未有的关注，并提出了“系统重要性”金融机构（SIFIs）的概念。简单地说，所谓系统重要性金融机构就是“大而不能倒”的金融机构。对金融机构的审慎性要求应更高、更强，这是因为一旦这类机构出现倒闭清盘，可能牵涉到很多机构。这类金融机构通过资产负债表与金融体系中的其他机构紧密联系，它们的效率影响着整个金融体系的运行效率，甚至关系到国民经济发展的可持续性和稳定性。考虑到中国工商银行、中国农业银行、中国银行、中国建设银行、交通银行在中国经济系统中的重要性，本书将这5家商业银行确定为系统重要性商业银行，并将其与非系统重要性商业银行之间的效率进行对比，剖析系统重要性商业银行的作用及其影响。

表4.5 2005—2011年平均Malmquist指数及其分解（基于系统重要性）

系统重要性	技术效率变化指数	技术变化指数	纯技术效率变化指数	规模效率变化指数	全要素生产率变化指数
重要	1.003	1.005	1.000	1.003	1.007
不重要	1.001	1.000	1.000	1.001	1.001

从表4.5的结果来看，系统重要性商业银行无论在技术层面还是在效率层面都优于非系统重要性商业银行。系统重要性商业银行的年均技术变化达到了0.5%，而非系统重要性商业银行7年间的技术变化几乎为零；在技术效率变化方面，系统重要性商业银行达到了年均0.3%的效率提升，而非系统重要性商业银行仅为0.1%。

4.4　结论与建议

运用以数据包络分析为基础的Malmquist指数，对16家上市商业银行2005—2011年全要素生产率变化指数进行测算和分解。结果表明，7年间，我国上市商业银行年均全要素生产率变化指数略有上升，但升幅较小，而且效率在年份之间波动较大；从产权性质看，国有商业银行的全要素生产率提高最快；从规模大小看，中小规模商业银行的效率表现优于大规模商业银行，更重要的是，系统重要性商业银行无论在技术层面还是在效率层面都优于非系统重要性商业银行。为此，得到以下三点结论：

（1）尽管上市以来我国商业银行的效率得到了改善，但是并不显著，商业银行效率的提升在未来仍然有很大的空间；同时我国商业银行效率在年份之间波动较大，这不仅不利于商业银行本身的风险控制、稳健经营，而且会危及实体经济的稳定性。

（2）在商业银行全要素生产率改进的动力上，7年间16家商业银行之间的纯技术效率没有发生显著的变化，即平均“追赶效应”几乎为零，说明我国商业银行今后要加大技术创新力度，不可再走上规模、吃利差的老路。

（3）三类商业银行中，国有商业银行的全要素生产率提高最快，城市商业银行次之，而股份制商业银行出现了退步，说明产权改革与商业银行效率的提高，并不存在必然的因果关系，支持郎咸平提出的“银行改革产权无关论”。而中小规模商业银行的效率表现优于大规模商业银行，说明加快发展中小金融机构是今后可取的改革方向。更重要的是，系统重要性商业银行无论在技术层面还是在效率层面都优于非系统重要性商业银行，说明系统重要性商业银行应该是今后监管和改革的重中之重。

5

商业银行效率实证分析

5.1 Hicks-Moorsteen TFP 指数

5.1.1 生产率及效率测度

Hicks-Moorsteen TFP 指数是在 O'Donnell（2008）总量分析框架下提出的，该分析框架的主要思想是，对于单一投入和单一产出的厂商而言，其生产效率可以定义为产出与投入的比值。那么如果可以找到合适的指标来表征多种投入和多种产出，则全要素生产率就可以定义为产出指数与投入指数的比值，而投入总量函数和产出总量函数可以作为衡量多种投入和多种产出的指数。下面根据 O'Donnell（2008）的方法，结合 i 个决策单元在时间跨度中的数据对这一方法作简单的介绍。首先假定第 N 个决策单元在时期 t 的投入和产出向量分别为 $x_{it}=(x_{1it},\ \cdots,\ x_{Kit})'$ 及 $q_{it}=(q_{1it},\ \cdots,\ q_{Jit})'$，再令 $X_{it}\equiv X(x_{it})$ 和 $Q_{it}\equiv Q(q_{it})$ 分别为投入总量函数和产出总量函数①，那么该决策单元的 TFP 就可以被定义为：

$$TFP_{it}=\frac{Q_{it}}{X_{it}} \tag{5.1}$$

此外，这一定义意味着效率可以进一步被定义为不同条件下测量的 TFP 的比值，譬如令 TFP_t^* 为在 t 期技术水平约束下可以达到的最大 TFP 值，则对生产效率的全局测度可以表示为观测到的 TFP 值与最大化的 TFP^* 的比值：

$$TFPE_{it}=\frac{TFP_{it}}{TFP_t^*}=\frac{Q_{it}/X_{it}}{Q_t^*/X_t^*}\leqslant 1 \tag{5.2}$$

其中，$TFPE$ 被称为全要素生产率，而 X_t^* 和 Q_t^* 分别为使 TFP 达到最大

① 投入总量函数 $X_{it}(\cdot)$、产出总量函数 $Q_{it}(\cdot)$ 均为非负、非减、线性齐次的函数。

值的投入总量和产出总量。使用该方法定义的全要素生产率具有以下两大优点：①该定义下的 *TFPE* 对效率变化的测度具有完整性（Completeness）；②此定义下的 *TFPE* 不受投入、产出变量量纲的影响，即改变投入、产出变量的计量单位不会影响 *TFPE*。在投入导向（Input-oriented）的条件下，O'Donnell（2008）进一步将全要素生产率分解为以下 4 项：

$$ITE_{it} = \frac{Q_{it}/X_{it}}{Q_{it}/\bar{X}_{it}} = \frac{\bar{X}_{it}}{X_{it}} \leqslant 1\text{（技术效率）}$$

$$ISE_{it} = \frac{Q_{it}/\bar{X}_{it}}{\tilde{Q}_{it}/\tilde{X}_{it}} \leqslant 1\text{（规模效率）}$$

$$IME_{it} = \frac{Q_{it}/\bar{X}_{it}}{Q_{it}/\hat{X}_{it}} = \frac{\hat{X}_{it}}{\bar{X}_{it}} \leqslant 1\text{（混合效率）}$$

$$ISME_{it} = \frac{Q_{it}/\bar{X}_{it}}{TFP_t^*} \leqslant 1\text{（规模混合效率）}$$

在这里，$\bar{X}_{it}$表示用观察到的投入向量的 k 倍即 kx_{it}的投入生产 q_{it}的产出时，所能实现的最小的总量投入；$\hat{X}_{it}$表示用任意投入向量生产 q_{it}的产出时，所能达到的最小的总量投入；而 $\tilde{Q}_{it}$和 $\tilde{X}_{it}$分别表示在 q_{it}和 x_{it}的约束下，即投入、产出向量分别为 ηx_{it}和 λq_{it}（η、λ 分别为产出和投入向量的缩放倍数）时，使 *TFP* 达到最大值的总量产出和投入。

为了更加直观地表示上述 4 种效率之间的关系，下面结合图示做进一步阐述。为了说明方便，在不影响主要结论的前提下，首先假设 DMU 使用两种投入生产一种产品，且具有线性的投入总量函数 $X(x_{it}) = \omega_1 x_{1it} + \omega_2 x_{2it}$。在图 5.1 表示的投入空间中，穿过 B、U 两点的曲线表示等产量曲线（Isoquant Curve），而点 A 表示某个 DMU 的实际投入情况。此时，该 DMU 的技术效率和纯混合效率可以分别表示为：

$$ITE_{it} = \frac{Q_{it}/X_{it}}{Q_{it}/\bar{X}_{it}} = \frac{\bar{X}_{it}}{X_{it}} = \frac{OB}{OA} \qquad IME_{it} = \frac{Q_{it}/\bar{X}_{it}}{TFP_t^*} = \frac{OF}{OB}$$

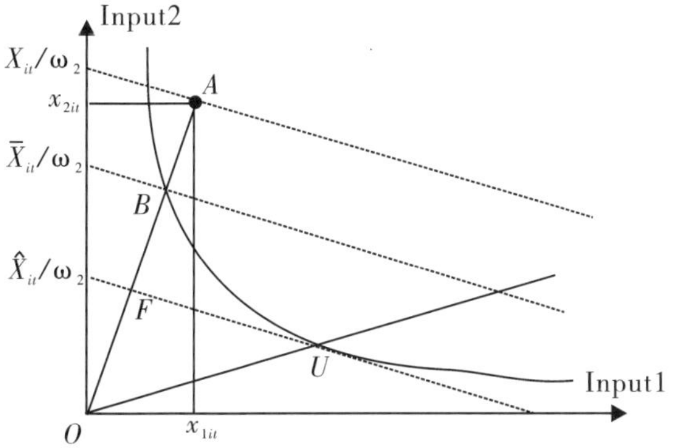

图 5.1　两种投入企业投入导向型技术和纯混合效率

这里定义的技术效率与传统的定义并无二致，而纯混合效率（O'Donnell，2008）指的是在保持产出不变的条件下，通过改变各投入要素之间的比例而达到降低投入的目的，在图中表现为沿 *BU* 曲线移动以到达切点 *U*。

随后，本书将分析置于投入—产出坐标空间中，并允许 DMU 使用多种投入生产多种产出。为了对 *TFP* 做进一步分解，我们需要引入两种不同类型的生产前沿面，即非受限生产前沿面（Unrestricted Production Frontier）和混合受限生产前沿面（Mix-restricted Production Frontier）。非受限生产前沿面意味着投入向量和产出向量是不受任何限制的，而混合受限生产前沿面表示投入向量和产出向量必须是观察值的投入及产出向量的倍数，即分别为 kx_{it} 和 $k'q_{it}$，表现在图中则为投入（产出）沿着特定的径向收缩或者扩张。在此基础上对上述 4 个效率的含义做更加明确的阐述，见图 5.2。

在图 5.2 所示的坐标空间内，任意观测点的 *TFP* 值为该观测点到坐标原点连线的斜率值，如决策单元 *A* 的 *TFP* 值就是射线 *OA* 的斜率。*t* 时期技术约束下可以达到的最大 *TFP* 值为过原点与非受限生产前沿面的切线斜率，即 $TFP_t^* = Q_t^*/X_t^* = k_{OE}$，$k_{OE}$ 为射线 *OE* 的斜率。如此一来，上述测度效率的各个指数均可以表示为斜率或其比值的变化，如全要素生产率可以表示为 $TFPE_{it} = TFP_{it}/TFP_t^* = k_{OA}/k_{OE}$。

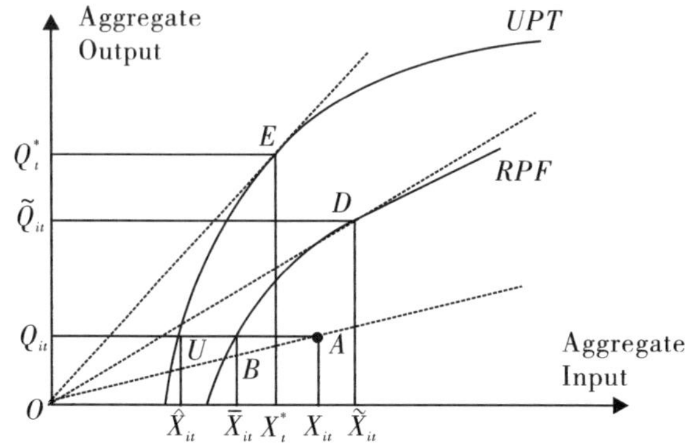

图5.2 多投入多产出企业投入导向型技术和纯混合效率

5.1.2 生产率指数及分解

如果 *TFP* 被定义为总量产出与总量投入的比率，则表征第 i 个 DMU 在 t 期的 *TFP* 值以及第 h 个 DMU 在 s 期的 *TFP* 值比率的生产率指数可以表示为：

$$TFP_{hs,it} \equiv \frac{TFP_{it}}{TFP_{hs}} = \frac{Q_{it}/X_{it}}{Q_{hs}/X_{hs}} = \frac{Q_{hs,it}}{X_{hs,it}} \tag{5.3}$$

这里产出量指数为 $Q_{hs,it} \equiv Q_{it}/Q_{hs}$，投入量指数为 $X_{hs,it} \equiv X_{it}/X_{hs}$。可以写成具有式（5.3）形式的总量函数所表示的指数被称为乘数型完全指数。选择不同形式的总量函数 $Q(\cdot)$ 和 $X(\cdot)$ 会得到不同的乘数型完全指数。采用 Shephard 距离函数［投入距离函数 $D_I^t(x_{it}, q_{it})$、产出距离函数 $D_O^t(x_{it}, q_{it})$］表示 t 期的技术，则投入、产出总量函数分别为 $X(z) = [D_I^s(z,q_s)D_I^t(z,q_t)]^{1/2}$ 及 $Q(z) = [D_O^s(x_{hs},z)D_O^t(x_{it},z)]^{1/2}$，采用这一定义的 TFP 指数即为 Hicks-Moorsteen TFP 指数：

$$TFP_{hs,it}^{HM} = \left[\frac{D_O^s(x_{hs},q_{it})D_O^t(x_{it},q_{it})}{D_O^s(x_{hs},q_{hs})D_O^t(x_{it},q_{hs})}\frac{D_I^s(x_{hs},q_{hs})D_I^t(x_{hs},q_{it})}{D_I^s(x_{it},q_{hs})D_I^t(x_{it},q_{it})}\right]^{1/2} \tag{5.4}$$

乘数型完全 TFP 指数可以进一步被分解成多种技术变化和效率变化，而其中最为简单的一种可以作如下分解，将式（5.2）重写为 $TFP_{it} = TFP_t^* \times TFPE_{it}$，则式（5.3）可以被分解为如下形式：

$$TFP_{hs,it} \equiv \frac{TFP_{it}}{TFP_{hs}} = \left(\frac{TFP_t^*}{TFP_s^*}\right)\left(\frac{TFPE_{it}}{TFPE_{hs}}\right) \tag{5.5}$$

式（5.5）右侧第一项通过 t 期和 s 期可以达到的最大 *TFP* 值的比率表示了技术的变化，而第二项表示了整体效率的变化，可以进一步分解为技术效率、规模混合效率变化，则式（5.5）可以写为：

$$TFP_{hs,it} \equiv \frac{TFP_{it}}{TFP_{hs}} = \underbrace{\left(\frac{TFP_t^*}{TFP_s^*}\right)}_{TECH} \underbrace{\underbrace{\left(\frac{ITE_{it}}{ITE_{hs}}\right)}_{ITE} \underbrace{\left(\frac{ISME_{it}}{ISME_{hs}}\right)}_{ISME}}_{TEPE} \tag{5.6}$$

$$ISME_{hs,it} = \left(\frac{ISE_{it}}{ISE_{hs}}\right)\left(\frac{RME_{it}}{RME_{hs}}\right) \tag{5.7}$$

如此一来，*TFP* 的变化可以被分解为三项：表征生产前沿移动的技术变化，即式（5.6）右边第 1 项；表征观测点向前沿面移动的技术效率变化，即式（5.6）右边第 2 项；表征在前沿面上移动以取得规模经济和范围经济的规模混合效率变化，即式（5.6）右边第 3 项。商业银行的规模经济和范围经济问题历来受到学术界广泛关注，为此，将式（5.6）右边第 3 项分解为表征规模经济的规模效率（Input Scale Efficiency，ISE）以及表征范围经济的剩余混合效率（Residual Mixed Efficiency，RME），以区分规模经济以及范围经济对商业银行全要素生产率变化的影响。

总之，基于 O'Donnell（2008）总量分析框架提出的 Hicks-Moorsteen TFP 指数，克服了传统的 Malmquist 指数法在分解 *TFP* 时存在的非完整性（Incompleteness）问题，即 Malmquist 指数法无法区分混合效率和规模效率。同时保留了 Malmquist 指数不需要引入价格信息的优点，更为重要的是使用该方法分解的技术变化、技术效率变化以及规模效率变化具有更加明晰的含义。

5.2 样本与指标

5.2.1 样本选择

考虑到数据的可得性、可比性等因素，本书选取了到目前为止已经公开上市的15家商业银行2005—2011年的投入、产出数据，并构建面板数据加以分析。其中包括5家国有商业银行（中国工商银行、中国建设银行、中国农业银行、中国银行、交通银行）、8家股份制商业银行（招商银行、兴业银行、中信银行、浦发银行、民生银行、华夏银行、光大银行、深圳发展银行①）和2家城市商业银行（北京银行、宁波银行）。所选的银行从资产规模最大的中国工商银行到小规模的城市商业银行，如宁波银行，囊括了国内大多数较有影响的商业银行，基本能反映我国银行业的整体效率水平与管理面貌。

5.2.2 指标选取

根据DEA的基本思想，合理确定投入、产出是效率测度的关键，也是银行效率研究中存在争论最多的一个方面，现有文献尚未取得一致结论。原因主要有：银行经营活动的复杂性、产出的不可分性和理论研究的不完善性。实证研究中，目前对银行活动的测度方法主要有：生产法（Production Approach）、中介法（Intermediation Approach）和资产法（Asset Approach）。本书认为，相比生产法与资产法，中介法下的指标体系对商业银行业务范围的涵盖更为全面。生产法关注的重点是一定人、财、物投入能够发生多少业务量，资产法则仅仅关注银行利润，而在中介法指标体系下，既能通过各项收入支出反映出银

① 2012年6月14日，深圳发展银行正式公告，深圳发展银行已完成吸收、合并平安银行的所有法律手续，吸收、合并完成，平安银行将被并入深圳发展银行，平安银行注销，不再作为法人主体独立存在，深圳发展银行为合并后存续的公司，公司的中文名称由“深圳发展银行股份有限公司”变更为“平安银行股份有限公司”。但是由于本章的研究样本期至2011年，所以仍然采用深圳发展银行的称谓。

行的盈利能力，又能通过收支指标和存贷款总额的相互配合补充，从整体和总括的角度反映银行生产规模。更为重要的是，存贷款总额还是银行资金融通职能的最直接体现。此外，相比生产法，中介法中的指标数据也更容易获得。在对金融机构整体效率进行评价时，中介法更为合适。而本章正是要对各商业银行整体的综合效率进行测算分析。同时，我国目前的企业融资主要还是以银行间接融资方式为主，所以我国商业银行在国民经济中所处的地位决定了考察其综合效率时应该突出其中介功能，故选择中介法。

本章投入、产出指标的所有数据，都是从各商业银行公开发布的年度报表中收集的。由于财务报表编制遵循统一的会计准则，且都需经过社会中介机构审计，因此，各指标在数据口径上具有较强的可比性。由于各商业银行的年度报表涉及“本集团”及“本行”[①] 两种口径，考虑到本章旨在衡量商业银行的综合经营效率，且中国建设银行在2008年前只报告集团的财务状况，为了保持口径的一致性，在分析时对所有商业银行的投入、产出指标取其在“本集团”中报告的数值。

其中：

利息收入＝总生息资产利息收入＝贷款和垫款利息＋债券投资利息＋存放中央银行款项利息＋存放和拆放同业及其他金融机构存款利息（含买入返售）＋金融资产

非利息收入＝手续费及佣金收入＋投资收益＋公允价值变动损益＋汇兑损益＋其他业务收入

利息支出＝总计息负债利息支出＝客户存款利息支出＋同业及其他金融机构和拆入款项利息支出（含卖出回购金融资产）＋发放债券及其他利息支出

营业支出＝营业收入－营业利润

表5.1对2005—2011年各商业银行的投入和产出指标数据做了简单的描述，并考察了不同产权性质商业银行之间的差异。描述性统计表明，无论是投入指标还是产出指标，国有商业银行的平均值与中位数都远远大于股份制商业银行与城市商业银行，说明即使在改革后的今天，国有商业银行仍然在我国银行业中占有绝对主导地位；与此同时，国有商业银行的标准差也远远大于股份制商业银行与城市商业银行，说明国有商业银行的经营体现出更大的波动性。

---

① 以民生银行为例，“本行”指中国民生银行股份有限公司；“本集团”指中国民生银行股份有限公司及其附属公司。

表 5.1 2005—2011 年各指标数据统计描述

（单位：亿元）

产权性质		产出指标			投入指标		
		利息收入	非利息收入	贷款总额	利息支出	营业支出	存款总额
股份制商业银行（8家）	平均值	544.56	63.48	7305.62	233.75	195.29	10 054.36
	中位数	496.80	43.60	5 942.04	206.08	161.02	7 872.11
	标准差	367.03	61.43	4 821.27	161.84	131.20	6 505.18
	最小值	86.64	5.10	1 496.15	37.70	30.14	2 018.16
	最大值	1 908.72	272.70	25 053.85	882.71	620.60	32 832.32
国有商业银行（5家）	平均值	3 162.33	489.26	41 634.57	1 208.77	1 291.22	69 519.17
	中位数	3 048.40	448.57	38 205.59	1 175.40	1 383.95	65 304.82
	标准差	1 134.32	316.64	14 727.98	413.44	438.63	23 513.77
	最小值	1 051.33	107.17	22 350.46	570.50	441.22	37 037.77
	最大值	5 895.80	1 199.77	75 940.19	2 268.16	2 209.93	122 612.10
城市商业银行（2家）	平均值	119.40	7.66	1 430.50	51.40	34.46	2 339.17
	中位数	91.75	6.30	1 162.63	38.72	28.73	1 876.42
	标准差	99.65	5.94	1 150.79	48.60	25.10	1 881.51
	最小值	16.56	0.86	192.85	4.91	5.77	375.21
	最大值	377.66	21.25	3 960.77	189.94	93.77	6 142.41

数据来源：各商业银行历年年度报表，由笔者整理得到。

5.3 实证结果分析

此处的分析步骤是，根据 2005—2011 年中国 15 家上市商业银行的样本数据，首先分析商业银行的静态效率，找出最佳实践银行，判断各类商业银行的竞争优势；其次分析商业银行的动态生产率变化，在生产率分解基础上找出背后的驱动力；最后是借助静态效率与动态生产率分析基础，构建效率—生产率矩阵，找出每一家商业银行的优势与不足。

5.3.1 静态效率分析

在使用TFP指数法进行动态生产率分析前，先对静态效率进行分析。在本书所采用的总量分析框架下，将拥有最大*TFP*值的商业银行定义为最佳实践银行。表5.2列了2005—2011年各个年份中的最佳实践银行。在样本期中，宁波银行作为最佳实践银行一共出现了5次，在经营效率方面体现了很强的竞争优势。一个可能的解释是，商业银行的经营效率在很大程度上取决于其所处的经济环境、经济活力或者地域等因素，而宁波银行正是扎根于经济环境良好、民营经济十分活跃的浙江省。2011年，宁波银行的121个营业机构中，有115个在浙江省。在樊纲和王小鲁等人发布的《中国市场化指数报告》中，浙江省一直名列前茅，近几年更是排名全国各省市之首。商业银行不良贷款率的高低也可以作为一个证据，易纲（2002）发现银行不良资产率高低的分布呈现出明显的地域特征，其中，经济环境或地域因素是解释我国不良资产成因的第一变量，可以解释现有银行不良资产的70%；并且他发现在浙江几乎所有银行的不良资产都比较低。而中国农业银行和北京银行分别在2005年以及2009年成为最佳实践银行。整体来看，城市商业银行更多时候担当了最佳实践银行的角色，这与城市商业银行规模小、机制体制较为灵活有着密切的关系。

表5.2 历年最佳实践银行

年份	最佳实践银行	年份	最佳实践银行
2005	中国农业银行	2009	北京银行
2006	宁波银行	2010	宁波银行
2007	宁波银行	2011	宁波银行
2008	宁波银行		

图5.3至图5.6分别展现了各商业银行平均静态技术水平、技术效率水平、规模效率水平以及剩余混合效率水平的变化情况。在报告结果时，又将所有商业银行依据产权性质的不同，划分为国有商业银行、股份制商业银行以及城市商业银行。

图5.3表明，2005—2006年，各商业银行的静态技术水平有了大幅度提升，而后趋于稳定。城市商业银行表现出了最高的静态技术水平，历年平均静

态技术水平达到了2.41。在本书分析框架下，这意味着在投入、产出比例不受限制的条件下，城市商业银行的产出总量函数与投入总量函数的比值平均达到了2.41。而国有商业银行的静态技术水平仅次于城市商业银行，历年平均静态技术水平达到了1.71。股份制商业银行的静态技术水平表现最差，历年平均静态技术水平仅为1.47。从结果可以发现，城市商业银行可以及时快速地对新技术进行反应，通过模仿或者学习使其技术位于各上市商业银行之首；而国有商业银行资金雄厚，可以有较多的投入用于研发和引入先进的技术及管理方式，所以也表现出了较强的技术进步；相对来说，股份制商业银行的静态技术水平比较有限。

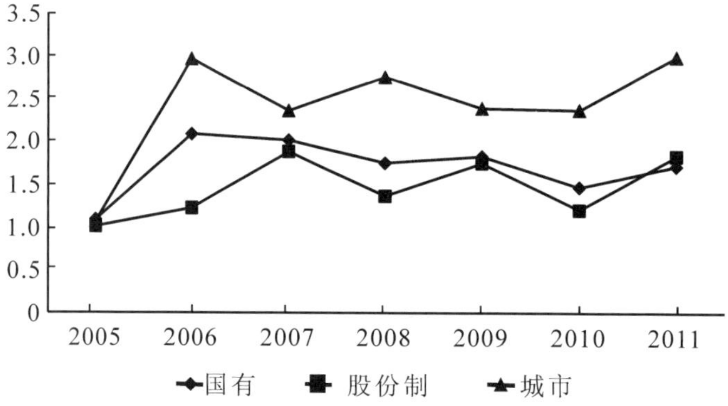

图5.3 各商业银行平均静态技术水平

图5.4表明，对于国有商业银行，除2008年受到金融危机的影响而距生产前沿面有1%的差距之外，其余各个年份的效率损失均不足1%；对于股份制商业银行来说，其技术效率水平的最低值出现在2006年，且2009年以后技术效率水平有进一步下降的趋势；对于城市商业银行来说，除2005年以及2006年有一定的效率损失外，其余年份都达到了100%的技术效率水平。从整体的变化趋势来看，在样本期内表现出了一定的“追赶效应”，各分组的技术效率水平差异在样本期内有所降低。这表明我们国家商业银行之间的技术效率并没有出现很大的差异，多数商业银行位于最佳前沿附近，相对技术效率都比较平均。造成这一现象的原因可能是缺乏有效竞争，垄断力量仍然十分强大。

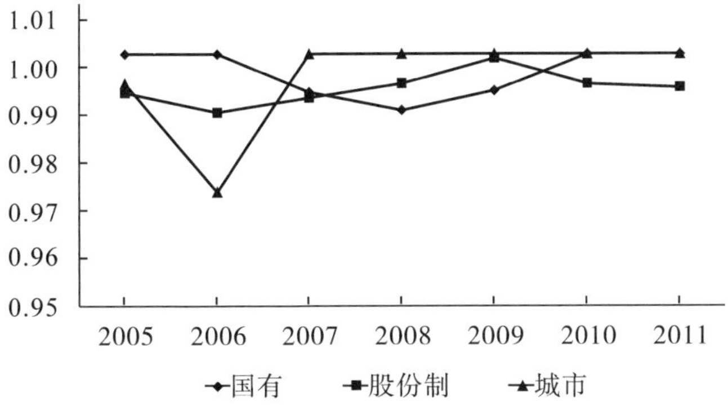

图 5.4 各商业银行平均技术效率水平

图 5.5 展示了各商业银行平均规模效率水平的变化情况，在多数年份中，国有商业银行的规模效率水平相对较低，而股份制商业银行与城市商业银行的规模效率水平相对较高。从整体来看，我国商业银行已经具备了一定的规模经济，但国有商业银行规模不经济程度大于股份制商业银行。这与徐传谌等人（2002），刘琛、宋蔚蓝（2004），周逢民等人（2010）的研究结论较为吻合。此外，随着时间的推移，各类型商业银行规模效率水平的差别表现出不断减小的趋势，这表明我国商业银行的规模效率水平表现出了一定的趋同性。不仅如此，也可能预示着我国银行业“拼规模”时代的结束，经过长期调整，各类型商业银行的规模已经达到或接近其最优水平。其进一步的成长不再单纯地依靠扩大规模，而是将主要目标放在创新业务与提升服务水平来为自己赢得更多的客户上，从而获得更多的利润。

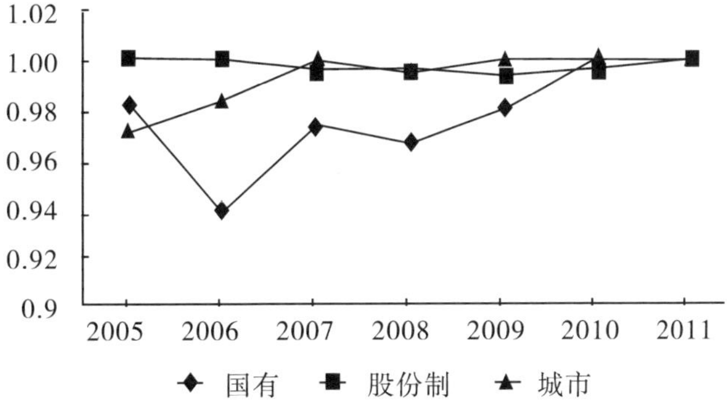

图 5.5 各商业银行平均规模效率水平

图5.6展示了各商业银行平均剩余混合效率水平的变化趋势，股份制商业银行的剩余混合效率水平表现最好，其历年剩余混合效率水平平均值为82.1%。相对来说，城市商业银行的剩余混合效率水平在样本期间内的波动幅度较大，在表现较差的年份，如2011年，其剩余混合效率损失接近50%，且其历年剩余混合效率水平平均值仅为64.4%，其范围经济水平是各商业银行中最低的。而股份制商业银行的剩余混合效率表现处于中间水平，历年剩余混合效率水平平均值为73.9%。三类商业银行在表征范围效率的剩余混合效率水平上具有较大的差异，这表明我国商业银行在扩大自己业务范围的能力上存在一定的差异。股份制商业银行和国有商业银行可以通过集团控股的方式来开展保险、证券经纪、承销等业务，从而利用商业银行的信息优势，降低集团的信息成本，以获得较大的范围经济。而城市商业银行在这方面的业务就会因为受到监管等约束的限制而难以展开，所以表现出了较差的范围经济。

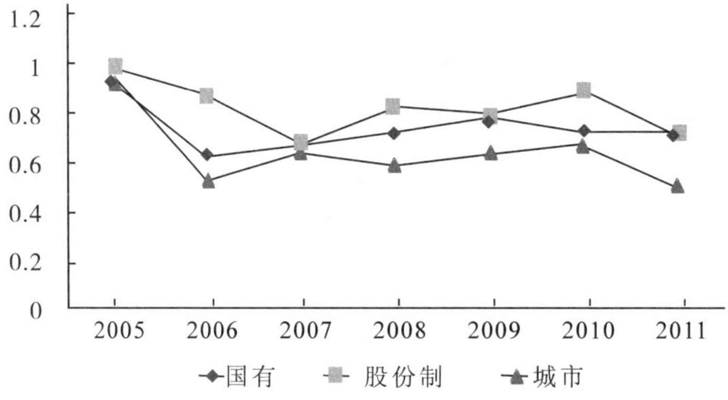

图5.6 各商业银行平均剩余混合效率水平

总之，静态效率分析表明，不同产权性质的商业银行表现出不同的效率优势。城市商业银行在静态技术、规模效率上表现最好，但其剩余混合效率（反映范围经济）最差；国有商业银行的优势在规模效率；股份制商业银行的竞争优势在剩余混合效率。同时，三类商业银行在规模效率水平方面呈现出“追赶效应”和趋同性，而在静态技术方面则差异较大。

5.3.2 动态生产率分析

动态生产率测算结果如表5.3至表5.5以及图5.7所示，表5.3列示了15家商业银行历年 Hicks-Moorsteen TFP 指数及其分解情况，表5.4为15家商业银行平均 Hicks-Moorsteen TFP 指数及其分解情况，图 5. 7 是在表 5. 4 的基础上做的累积 *TFP* 及其分解的变化情况，表 5. 5 是各家商业银行平均 Hicks-Moorsteen TFP 指数及其分解情况。

表 5. 3　各商业银行历年 Hicks-Moorsteen TFP 指数及其分解

时间	代码	*TFP*	*TECH*	*ITE*	*ISE*	*RME*	时间	代码	*TFP*	*TECH*	*ITE*	*ISE*	*RME*
2006	1	0. 864	0. 921	1. 000	0. 899	1. 044	2007	1	1. 066	0. 823	1. 000	1. 052	1. 232
	2	0. 906	0. 921	1. 000	0. 949	1. 037		2	1. 061	0. 739	0. 970	1. 062	1. 395
	3	0. 959	0. 921	1. 000	1. 000	1. 041		3	1. 048	0. 777	1. 000	1. 000	1. 348
	4	0. 971	0. 948	1. 000	0. 974	1. 052		4	1. 035	0. 777	1. 000	1. 034	1. 289
	5	1. 020	0. 890	1. 000	1. 000	1. 147		5	0. 781	0. 797	1. 000	0. 974	1. 006
	6	1. 091	1. 167	1. 024	1. 001	0. 913		6	1. 033	0. 903	1. 049	1. 002	1. 089
	7	1. 008	1. 093	0. 980	0. 999	0. 942		7	1. 068	1. 242	1. 021	1. 001	0. 842
	8	0. 985	1. 091	0. 963	0. 996	0. 942		8	1. 032	0. 815	0. 993	0. 990	1. 288
	9	0. 981	0. 956	1. 000	1. 000	1. 026		9	0. 921	0. 777	1. 000	1. 000	1. 185
	10	0. 996	1. 111	1. 000	1. 000	0. 897		10	0. 790	0. 777	1. 000	1. 000	1. 017
	11	1. 048	1. 061	1. 000	1. 000	0. 987		11	1. 035	0. 895	1. 000	1. 000	1. 157
	12	1. 113	0. 997	1. 000	1. 000	1. 117		12	1. 088	0. 803	1. 000	1. 000	1. 355
	13	0. 956	0. 927	1. 000	1. 000	1. 031		13	0. 645	0. 606	0. 966	1. 000	1. 104
	14	1. 064	1. 107	1. 000	1. 000	0. 961		14	1. 069	0. 972	1. 000	1. 000	1. 100
	15	0. 904	0. 921	0. 957	1. 027	0. 999		15	1. 084	0. 776	1. 058	1. 035	1. 275
2008	1	0. 983	0. 882	1. 000	1. 017	1. 096	2009	1	1. 082	0. 680	1. 000	1. 065	1. 494
	2	0. 930	0. 882	0. 985	0. 996	1. 076		2	1. 039	0. 719	1. 017	0. 957	1. 487
	3	1. 045	1. 076	1. 000	1. 000	0. 971		3	1. 143	0. 741	1. 000	1. 000	1. 543
	4	0. 973	0. 925	1. 000	0. 962	1. 095		4	1. 033	0. 682	1. 000	1. 040	1. 458
	5	0. 980	0. 954	1. 000	0. 995	1. 032		5	1. 038	0. 812	1. 000	1. 024	1. 247
	6	0. 902	0. 831	0. 983	0. 998	1. 106		6	1. 087	0. 673	1. 017	1. 002	1. 586
	7	1. 001	0. 966	1. 000	1. 000	1. 036		7	1. 094	0. 673	1. 000	1. 000	1. 626
	8	1. 081	0. 915	1. 046	1. 012	1. 117		8	0. 979	0. 786	1. 000	1. 003	1. 242
	9	0. 958	1. 044	1. 000	1. 000	0. 917		9	1. 016	0. 672	0. 996	0. 993	1. 529
	10	0. 990	0. 970	1. 000	1. 000	1. 021		10	1. 017	0. 800	0. 997	0. 952	1. 338
	11	1. 030	0. 832	1. 000	1. 000	1. 238		11	0. 986	0. 673	1. 000	1. 000	1. 465
	12	1. 013	0. 949	1. 000	1. 000	1. 068		12	1. 023	0. 848	1. 000	1. 000	1. 207
	13	0. 981	0. 852	0. 998	0. 999	1. 155		13	1. 060	0. 673	1. 038	1. 001	1. 517
	14	1. 181	1. 292	1. 000	0. 989	0. 924		14	1. 186	0. 972	1. 000	1. 011	1. 207
	15	0. 941	1. 042	1. 000	1. 000	0. 903		15	1. 021	0. 803	1. 000	1. 000	1. 271

（续上表）

时间	代码	TFP	TECH	ITE	ISE	RME	时间	代码	TFP	TECH	ITE	ISE	RME
2010	1	1.091	0.978	1.000	1.000	1.115	2011	1	1.021	0.816	1.000	1.000	1.252
	2	1.102	1.038	1.030	1.087	0.948		2	0.984	1.026	1.000	1.000	0.959
	3	1.022	0.933	1.000	1.000	1.095		3	0.909	0.872	1.000	1.000	1.042
	4	1.063	1.113	1.000	1.000	0.955		4	0.973	0.895	1.000	1.000	1.087
	5	1.012	1.012	1.000	1.008	0.993		5	1.025	1.172	1.000	1.000	0.875
	6	0.997	0.996	1.000	1.000	1.001		6	0.907	0.794	1.000	1.000	1.142
	7	1.018	1.003	1.000	1.000	1.016		7	0.884	0.697	1.000	1.000	1.269
	8	0.978	1.059	0.959	0.977	0.986		8	1.031	0.849	0.982	1.023	1.209
	9	1.086	0.994	1.004	1.007	1.081		9	0.926	0.900	1.000	1.000	1.028
	10	1.017	0.990	1.003	1.044	0.981		10	0.898	0.712	1.000	1.006	1.254
	11	0.957	0.999	1.000	1.000	0.959		11	0.897	0.711	1.000	1.000	1.261
	12	0.978	0.889	1.000	1.000	1.100		12	0.974	0.792	1.000	1.000	1.230
	13	1.017	1.032	0.988	0.993	1.003		13	1.020	0.824	1.012	1.007	1.216
	14	0.865	0.982	1.000	1.000	0.881		14	0.904	0.697	1.000	1.000	1.297
	15	0.908	0.887	1.000	1.000	1.024		15	0.880	0.711	1.000	1.000	1.238

注：代码1～15依次为中国工商银行、中国农业银行、中国银行、中国建设银行、交通银行、中信银行、民生银行、华夏银行、招商银行、浦发银行、深圳发展银行、兴业银行、光大银行、宁波银行、北京银行。

结合表5.3至表5.5以及图5.7所展示的结果，可以得出以下一些判断：

第一，从整体来看，2005—2011年15家商业银行的*TFP*发生了小幅度下降，具体来说，*TFP*发生了年均0.65%的下降（见表5.4最后一行）。虽然与蔡跃洲、郭梅军（2009）使用的方法不同，但是分析结果在相似样本期间内得到的结论十分相近（他们的结果为*TFP*年均下降0.6%）。导致*TFP*降低的主要原因在于技术退步，在样本期间内各商业银行年均技术退步达到了11.69%。相对来说，技术效率、规模效率以及剩余混合效率是促进*TFP*提升的动力来源，其中，剩余混合效率的作用最为明显，达到了年均12.30%。而各个商业银行之间的“追赶效应”并不明显，年均仅为0.03%，规模效率也只有年均0.15%的提高。这些数据表明，以往依靠扩规模、拉存款的发展模式已经无法适应商业银行的发展要求，而依靠创新业务、提升服务的发展模式渐渐地成为推动商业银行发展的主要动力。

表 5.4 2005—2011 年各商业银行平均 Hicks-Moorsteen TFP 指数及其分解

时间	*TFP*	*TECH*	*ITE*	*ISE*	*RME*
2006	0.988 6	0.998 2	0.994 7	0.989 2	1.006 5
2007	0.973 3	0.822 1	1.003 5	1.009 6	1.168 6
2008	0.997 3	0.954 5	1.000 7	0.997 8	1.046 4
2009	1.052 1	0.742 5	1.004 2	1.002 8	1.407 2
2010	1.005 5	0.992 1	0.998 9	1.007 4	1.007 2
2011	0.947 3	0.822 2	0.999 6	1.002 3	1.150 0
平均	0.993 5	0.883 1	1.000 3	1.001 5	1.123 0

注：由于 Hicks-Moorsteen TFP 指数是乘数型指数，故各行平均值以及历年平均值均为几何平均。

第二，从时间变化上看（如表 5.4 所示），多数年份中 *TFP* 发生了不同程度的退步，而 2009 年以及 2010 年 *TFP* 出现了 5.21% 以及 0.55% 的提高。但在 2011 年，*TFP* 出现了历年以来最大的退步，达到了 5.27%。从累积 *TFP* 及其分解的变化来看，如图 5.7 所示，*TFP* 在 7 年间累积退步达到了 3.83%，这主要是由技术退步导致的，而剩余混合效率的提升在很大程度上阻止了 *TFP* 的进一步下降。而技术效率和规模效率的累积变化也并不显著，7 年间累积变化仅为 0.16% 和 0.90%。

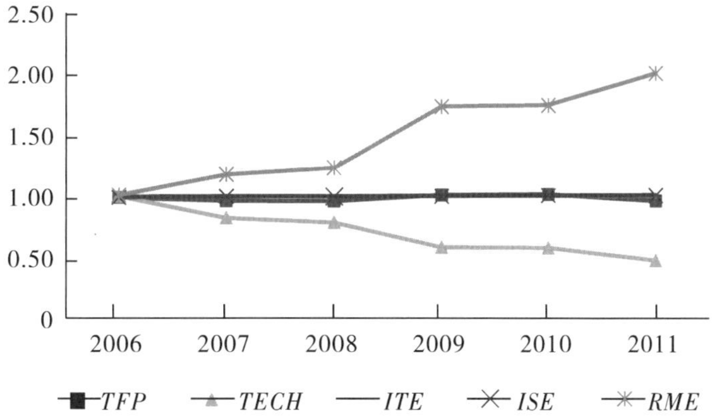

图 5.7 累积 *TFP* 及其分解的变化

第三，从银行角度来看，样本期内平均 *TFP* 提高最快的三家商业银行分别是宁波银行、兴业银行和中国银行，它们的 *TFP* 变化分别为 3.73%、3.01%和1.81%，而其变化的方式也不尽相同。宁波银行表现最佳，主要是其技术退步相对最小，而且还拥有 5.09%的剩余混合效率提高。而中国工商银行虽然技术退步十分显著，达到了 15.56%，但其 19.69%的剩余混合效率提高弥补了其技术退步的不足。另外，*TFP* 下降最为明显的三家商业银行为光大银行、浦发银行和北京银行，分别降低了 6.55%、5.25%以及 4.64%。

第四，从 *TFP* 的构成来看，技术变化成为制约我国商业银行 *TFP* 进一步提高的主要障碍，当前我国商业银行 *TFP* 的提升主要还是依靠效率的提高，本书通过 Hicks-Moorsteen TFP 指数法将效率分解为技术效率、规模效率以及剩余混合效率。从技术效率来看，实证结果并没有展现出很强的"追赶效应"，即各商业银行没有表现出向生产前沿面靠近的演变趋势；从规模效率看，经过多年的努力，商业银行已经逐渐摆脱了规模不经济的经营模式，逐步获得一定的规模经济；最后是表征范围经济的剩余混合效率，结合表 5.4 和表 5.5 的结果可以发现，无论从时间变化的角度还是从各个商业银行的横截面来看，范围经济的存在极大地促进了各个商业银行以及商业银行整体的 *TFP* 提高。

表 5.5 各商业银行平均 Hicks-Moorsteen TFP 指数及其分解

银行	*TFP*	*TECH*	*ITE*	*ISE*	*RME*
中国工商银行	1.014 7	0.844 4	1.000 0	1.004 0	1.196 9
中国农业银行	1.001 3	0.878 4	1.000 0	1.007 1	1.131 8
中国银行	1.018 1	0.880 0	1.000 0	1.000 0	1.156 9
中国建设银行	1.007 5	0.879 4	1.000 0	1.001 2	1.144 3
交通银行	0.971 3	0.931 1	1.000 0	1.000 0	1.043 2
中信银行	1.000 1	0.880 6	1.012 0	1.000 4	1.121 7
民生银行	1.009 9	0.922 6	1.000 0	1.000 0	1.094 6
华夏银行	1.013 5	0.911 8	0.989 9	0.999 8	1.123 1
招商银行	0.979 5	0.880 7	1.000 0	1.000 0	1.112 3
浦发银行	0.947 5	0.882 4	1.000 0	1.000 0	1.073 7
深圳发展银行	0.990 7	0.850 1	1.000 0	1.000 0	1.165 3
兴业银行	1.030 1	0.876 5	1.000 0	1.000 0	1.175 2

（续上表）

银行	*TFP*	*TECH*	*ITE*	*ISE*	*RME*
光大银行	0.934 5	0.805 8	1.000 0	1.000 0	1.159 7
宁波银行	1.037 3	0.987 1	1.000 0	1.000 0	1.050 9
北京银行	0.953 6	0.850 0	1.002 0	1.010 3	1.108 2
平均	0.993 5	0.883 1	1.000 3	1.001 5	1.123 0

注：由于 Hicks-Moorsteen TFP 指数是乘数型指数，故各行历年平均值为几何平均。

5.3.3 优势与不足分析

以上面静态效率分析与动态生产率分析为基础，构建各个指标的效率—生产率矩阵，判断每一家商业银行的优势与不足。为此，本书以商业银行静态效率和动态生产率变化指数的均值为界，将其区分为静态效率（动态生产率）变化高于均值的 H 组以及静态效率（动态生产率）变化低于均值的 L 组，分别构建全要素生产率、技术进步、技术效率、规模效率以及剩余混合效率的效率—生产率矩阵，各个商业银行分别被归入下述四个方阵：处于第一方阵（即 H/H 组）的商业银行其静态效率及动态生产率变化均高于平均水平，表明该商业银行不仅当前位势较高而且其增长速度也快；处于第二方阵（即 L/H 组）的商业银行其静态效率变化低于平均水平而动态生产率变化高于平均水平，这些商业银行尽管目前在银行业的位势较低，但是其未来增长潜力不可小觑；处于第三方阵（即 H/L 组）的商业银行其静态效率变化高于平均水平而动态生产率变化低于平均水平，这些商业银行由于其动态生产率变化低于平均水平，将面临被其他商业银行赶超的风险；最后，处于第四方阵（即 L/L 组）的商业银行其静态效率及动态生产率变化均低于平均水平，该类商业银行的相对位势不仅较低，而且没有增长潜力。

表 5.6 各商业银行的优势与不足

银行	*TFP*	*TECH*	*ITE*	*ISE*	*RME*
中国工商银行	H/H	H/L	H/L	L/H	L/H
中国农业银行	L/H	L/L	L/L	L/H	L/H
中国银行	H/H	H/L	H/L	H/L	L/H
中国建设银行	L/H	L/L	H/L	L/L	H/H

（续上表）

银行	*TFP*	*TECH*	*ITE*	*ISE*	*RME*
交通银行	L/L	L/H	H/L	L/L	H/L
中信银行	L/H	L/L	L/H	H/L	H/L
民生银行	L/H	L/H	H/L	H/L	H/L
华夏银行	L/H	L/H	L/L	H/L	H/L
招商银行	H/L	L/L	H/L	H/L	H/L
浦发银行	L/L	L/L	H/L	H/L	H/L
深圳发展银行	H/L	L/L	H/L	H/L	H/H
兴业银行	H/H	L/L	H/L	H/L	H/H
光大银行	L/L	L/L	L/L	H/L	H/H
宁波银行	H/H	H/H	H/L	H/L	L/L
北京银行	L/L	L/L	L/H	L/H	H/L

根据上述定义与分类，表5.6总结了各个商业银行在静态效率与动态生产率变化方面的优势与不足，举例来说，中国工商银行的不足在于其技术变化和技术效率的动态生产率变化低于平均水平，规模效率和剩余混合效率的静态效率变化低于平均水平，这意味着尽管目前中国工商银行的技术水平和技术效率水平相对较高，但是其增长乏力，被赶超的风险较大，同时中国工商银行目前在规模经济与范围经济方面的位势较低，但是其在这两个方面的效率提升速度较快。宁波银行的杰出表现主要来源于技术变化，其在范围经济方面表现较差，这和整个银行业正好相反。本书发现，没有一家商业银行是“全能银行”，即在各种效率上都处在H/H组。在*TFP*方面，中国工商银行、中国银行、兴业银行与宁波银行无论是当前位势还是增长速度都处于行业上游；大多数商业银行的技术水平不仅较低而且进步缓慢；大多数商业银行的规模经济明显但是规模效率提升乏力，这可能是因为中国银行业通过扩张规模来进一步提升规模经济的空间已经十分有限。总之，根据表5.6，不仅可以分析每家商业银行的相对优势与不足，而且可以为每家商业银行的改革提供针对性的建议。

在表5.6基础上，可以进一步分析这些商业银行在效率—生产率上的分布情况，见图5.8。图5.8表明，中国商业银行在效率—生产率方面，还没有出现明显的“扎堆”现象，但是处在L/H组的华夏银行、中信银行、中国建设银行、民生银行以及中国农业银行，尽管目前它们效率水平较低，但由于它们生产率变化相对较快，未来很有可能进入H/H组，使得商业银行的发展最终呈现出“强者恒强、弱者恒弱”的局面。

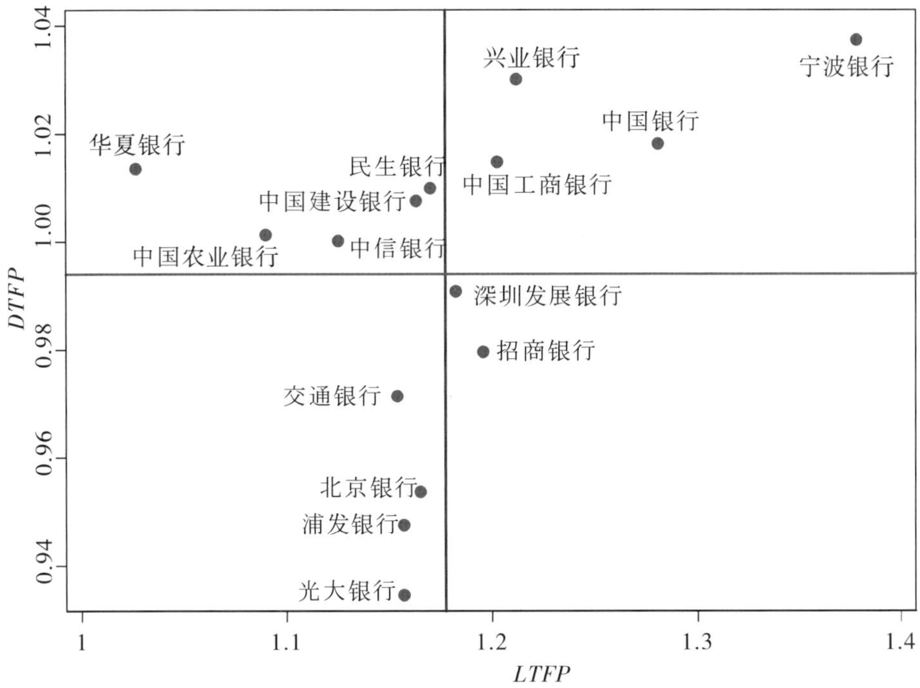

图 5.8 各商业银行优势与不足的分布图

注：横轴 *LTFP* 是静态效率，纵轴 *DTFP* 是动态生产率。

6

基于多层次 DEA 方法的中国商业银行效率分析

6.1 变量选取与数据来源

6.1.1 变量选取

1. 投入、产出变量选取

根据 DEA 的基本思想，合理确定投入、产出是效率测度的关键，也是银行效率研究中存在争论最多的一个方面，现有文献尚未取得一致结论。目前对银行活动的测度方法主要有：生产法、中介法和资产法。借鉴姜永宏、蒋伟杰（2014）依照中介法选取上市商业银行投入、产出指标的思路，本书选取利息支出、业务及管理费用、存款总额作为投入指标，利息收入、非利息收入、贷款总额作为产出指标。其中利息收入、利息支出、业务及管理费用、存款总额、贷款总额均对应银行年报中的相应科目，非利息收入的计算公式为：

非利息收入 = 手续费及佣金收入 + 投资收益 + 公允价值变动损益 + 汇兑损益 + 其他业务收入

投入、产出指标的定义及描述性统计见表 6.1、表 6.2。

2. 环境变量选取

Fried 等人（2002）指出，企业经营的低效率既有可能是内部管理不善导致的，也有可能受外部环境变量和统计随机误差等因素的影响，而前者是企业内生性因素，是企业可控的，后者则是外生性因素，不是企业短期内能控制或影响的。因此，在借鉴黄宪、余丹和杨柳（2008）对环境变量的选取基础上，基于环境变量的外生性因素选取了实际 GDP 增长率、行业因素、产权性质、设立年限、规模五个环境变量，具体说明如下：

（1）实际 GDP 增长率：由于本章数据样本截取自 2008—2014 年，7 年的时间跨度内国家整体经济运行状况和与银行经营行为息息相关的货币政策势必呈现变化的特征，而总体经济状况是向上运行还是向下运行、国家货币政策是紧缩还是宽松对银行存贷款等传统业务和创新型业务的选择和开展形成了一定的影响，从而改变银行的投入和产出，这也就从纵向上不同程度地影响到每家银行每个时间维度的效率值，判断整体银行业效率变化特征必须建立在剔除此类外部环境因素影响后的效率结果之上。借鉴黄宪、余丹和杨柳（2008）与王莉、李勇和王满仓（2012）对外部环境变量的选取标准，本章以实际 GDP 增长率来衡量国家总体经济运行状况。

（2）行业因素：对中国商业银行市场集中率的测定是描述该市场结构的一种最为常见的方法。黄宪、王方宏（2003）用市场集中率中的 CRn 和赫芬达尔指数（HHI 指数）来比较中国与德国的银行业市场竞争程度，王聪、谭政勋（2007）用我国商业银行存款的 HHI 指数来衡量市场结构对银行效率的影响。鉴于 HHI 指数在评判银行市场集中度时能表明银行的相对份额大小，因此本书选取基于银行资产的 HHI 指数作为市场结构的衡量指标。

（3）产权性质：我国各商业银行在银行层面上最直观的差异之一便是产权性质的不同。国内学者大量的研究表明，产权性质对银行效率的影响是显著存在的。一方面，国有银行因庞大的资产规模和资金实力，在引进先进技术设备和管理经验方面具备先天优势，但也有可能因为规模庞大出现管理失衡、效率低下的现象。另一方面，国有银行在国有背景下，更有可能享受到国家政策倾斜和资金支持的有利待遇。基于这些可能性，国有银行可能处于一个相对较好的外部环境中。为了剔除产权性质可能引起的效率不公平现象，本章引进产权性质虚拟变量作为外部环境变量，将所有商业银行分成两类，分别为国有商业银行（主要为五大国有商业银行：中国工商银行、中国农业银行、中国银行、中国建设银行、交通银行）和非国有商业银行（包括 12 家股份制商业银行和 43 家地方法人银行）。

（4）设立年限：一般来说，成立时间越久的商业银行，可能在经营管理方面积累了比较成熟的经验，为降低商业银行经营管理成本、提高经营管理效率带来更大的可能性。另外，成立时间越长可能形成一种品牌效应，使得“资历”越老的商业银行经营管理效率可能越高。

（5）规模：对于我国商业银行来说，五大国有商业银行和全国性股份制商业银行以及上市商业银行规模均较大，银行规模越大在一定程度上代表了雄厚的资金实力和越广的经营地域范围，有利于商业银行业务类型的扩展和产品服务水平的提升。而大部分的地方法人银行规模较小，短期内无法实现规模的急剧扩张，因而本书将商业银行规模也作为一项环境变量。

6.1.2 样本选择

本章选取了我国2008—2014年拥有完整数据期间的60家商业银行，包括5家国有商业银行、12家股份制商业银行和43家地方法人银行（主要为城市商业银行，包含部分农村商业银行等）。数据主要来源于Bankscope数据库，部分数据来源于Wind资讯数据库，缺失数据则从样本商业银行的“本集团”口径下的合并报表中获取，个别缺失数据采用线性插值法补齐。

表6.1 投入、产出指标的选取与定义

变量名称	变量代码	变量释义
产出指标	Y_{1it}	利息收入
产出指标	Y_{2it}	非利息收入 = 手续费及佣金收入 + 投资收益 + 公允价值变动损益 + 汇兑损益 + 其他业务收入
产出指标	Y_{3it}	贷款总额
投入指标	X_{1it}	利息支出
投入指标	X_{2it}	业务及管理费用
投入指标	X_{3it}	存款总额

表6.2 2008—2014年各指标数据的描述性统计

（单位：亿元）

		利息收入	非利息收入	贷款总额	利息支出	业务及管理费用	存款总额
国有商业银行（5家）	均值	4 388.89	761.66	57 111.13	1 792.61	1 085.30	86 621.59
	标准差	1 941.12	430.59	25 279.57	811.40	450.11	36 452.85
	最小值	1 166.39	113.31	11 044.90	500.75	257.10	18 658.15
	最大值	8 498.79	1 795.51	110 263.30	3 563.57	1 799.92	155 566.00
股份制商业银行（12家）	均值	756.00	95.48	8 208.10	377.22	158.51	11 279.07
	标准差	590.20	111.33	6 067.66	309.81	119.02	8 137.44
	最小值	24.00	0.42	347.49	14.09	7.75	486.53
	最大值	2 228.34	577.10	25 139.19	1 238.54	506.56	33 044.38

（续上表）

		利息收入	非利息收入	贷款总额	利息支出	业务及管理费用	存款总额
地方法人银行（43家）	均值	66.44	6.32	659.99	31.92	13.32	1 072.53
	标准差	87.14	8.92	852.11	47.93	13.85	1 273.24
	最小值	3.04	0.01	20.19	0.85	1.12	75.95
	最大值	732.55	59.84	6 752.88	419.70	90.91	9 228.13

6.2 中国商业银行效率的实证分析

6.2.1 第一阶段 DEA 效率分析

本章首先采用一般 DEA 方法，运用软件 DEAP Version 2.1 对我国 60 家样本商业银行进行效率测算，得出银行综合技术效率、纯技术效率和规模效率，通过分析年均效率情况发现危机后我国商业银行效率变动的整体特征；其次区分三类样本商业银行：5 家国有商业银行、12 家股份制商业银行和 43 家地方法人银行（主要为城市商业银行，包括部分农村商业银行等），根据效率分解判断三类商业银行的相对效率优势；最后进行地方法人银行效率的地区差异分析。另需说明的是本章效率测算结果均基于投入导向模型。

1. 商业银行整体效率分析

整体效率测算结果如表 6.3、图 6.1 所示，可以发现我国商业银行纯技术效率波动较小，历年平均值均位于［0.97，0.98］区间内；规模效率则呈波动上升趋势，2014 年均值已达 0.994，与纯技术效率相比，规模效率于 2012 年开始高于纯技术效率；综合技术效率变动特征则与规模效率高度相关，基本呈现与其一致的变动趋势，表现为综合技术效率均值从 2008 年的 0.938 提高到 2014 年的 0.974，效率值等于 1 的有效商业银行数也从 2008 年的 18 家上升到 2014 年的 28 家，截至 2014 年接近半数的样本商业银行已处于有效生产前沿面上；需要注意的是，综合技术效率水平始终低于规模效率和纯技术效率，这是由综合技术效率等于规模效率与纯技术效率之积，但规模效率和纯技术效率始终不为 1 导致的。

表 6.3　我国银行业年均效率变化情况

年份	2008	2009	2010	2011	2012	2013	2014	历年平均
综合技术效率	0.938	0.937	0.943	0.940	0.956	0.960	0.974	0.950
纯技术效率	0.976	0.974	0.973	0.971	0.972	0.972	0.980	0.974
规模效率	0.961	0.962	0.969	0.967	0.984	0.989	0.994	0.975
有效商业银行数（家）	18	20	18	20	25	27	28	22.3

上述现象说明，我国银行业规模效率的大幅增长和纯技术效率的停滞不前是需要我们重点关注的。基于此，本章试图从宏观经济环境、市场结构方面分析金融危机后我国银行业规模效率提升的外部力量。已有文献在分析银行规模效率时通常采用银行资产的绝对规模来衡量规模扩张，本章则采用样本商业银行资产增长率指标来衡量；本章借鉴叶欣、郭建伟和冯宗宪（2001）的做法，市场结构指标选取基于银行资产的 *HHI* 来衡量；宏观经济环境则采用实际 GDP 增长率来衡量。结果如图 6.1 所示。

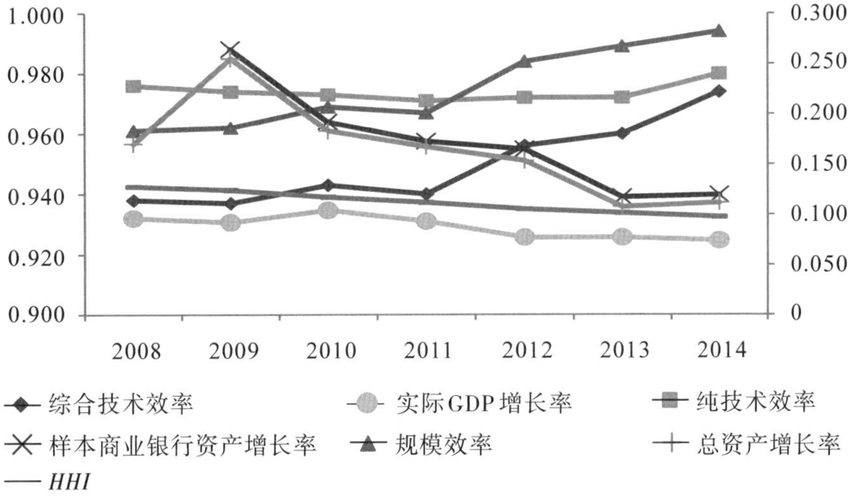

图 6.1　我国商业银行年均效率变化情况

注：实际 GDP 增长率、总资产增长率数据来源于 Wind 资讯数据库，样本商业银行资产增长率由笔者整理得到，*HHI* 由软件 Stata 11 基于样本商业银行的总资产计算得到。

从资产增长率来看，样本商业银行资产增长率呈现与总资产增长率平行的走势，可以从某种程度上印证本章样本选取具备足够的代表性，但银行业总资产增长率在 2009 年实现 25.49% 的高增长后，开始逐年下降，于 2013 年达到 10.75% 的最低增长水平。这有可能是因为：第一，伴随着我国整体经济实力的不断增强，银行总资产的绝对规模在金融危机后仍然保持着逐年扩大的趋势，尤其是 2008 年政府的四万亿救市计划导致社会贷款需求膨胀，加之宽松的货币政策使得银行体系流动性充裕，金融机构扩大信贷投放，贷款余额急剧增长使得银行总资产增速于 2009 年达到峰值；第二，2010 年受全球流动性宽松和中国国际收支顺差的影响仍然较大，银行流动性供给偏多，国内通货膨胀压力加大，实体经济增速不断下滑，截至 2014 年我国实际 GDP 增长率创下 24 年来新低水平。随着宏观经济增速放缓，社会贷款需求增速降低，2010 年后国家紧缩银根、盘活存量、用活增量，贷款增速放缓使得银行资产规模扩张速度不断下降。

从市场结构方面看，*HHI* 呈逐年下降趋势，且 2014 年 *HHI* 低于 1 000，说明自 2008 年以来我国银行业一直处于适度集中的市场结构中，集中程度持续下降，2014 年步入集中程度较低的市场结构中。伴随着我国银行业的竞争加剧，单一银行规模扩张速度受限，使得银行业总资产增长率下降。

综上所述，一方面，随着国家综合经济实力的增强，我国银行业在绝对规模上的扩张一直存在，若以银行绝对资产规模衡量规模扩张显然有失准确性；另一方面，实体经济增速放缓和银行业竞争加剧使得银行规模扩张速度被迫减缓，银行业总资产增长率在 2009 年达到峰值后持续下降，可能预示着我国银行业开始被动调整发展战略，“拼规模”时代结束，这也成为样本期内商业银行规模效率大幅提升的外在动力。

与规模效率稳步提升相比，纯技术效率自 2008 年以来未实现较大突破，基本呈现停滞状态，至 2014 年才稍有改善。这说明现阶段我国商业银行的效率损失主要来源于纯技术无效，效率提升应重点从改善商业银行自身内部治理结构、重视信息技术建设等技术层面入手，积极引进和吸收国外银行先进管理经验，推进银行业“国际化”“多元化”发展战略的落实，加快为总体扩张的银行规模配套相应的管理能力。

2. 商业银行效率的产权差异

（1）基于超效率 DEA 的比较。

考虑到传统 DEA 方法无法对有效商业银行进行进一步的区分和比较，本章采用超效率 DEA 方法分析三类商业银行（国有商业银行、股份制商业银行、地方法人银行）的效率差异情况。结果如图 6.2 所示。

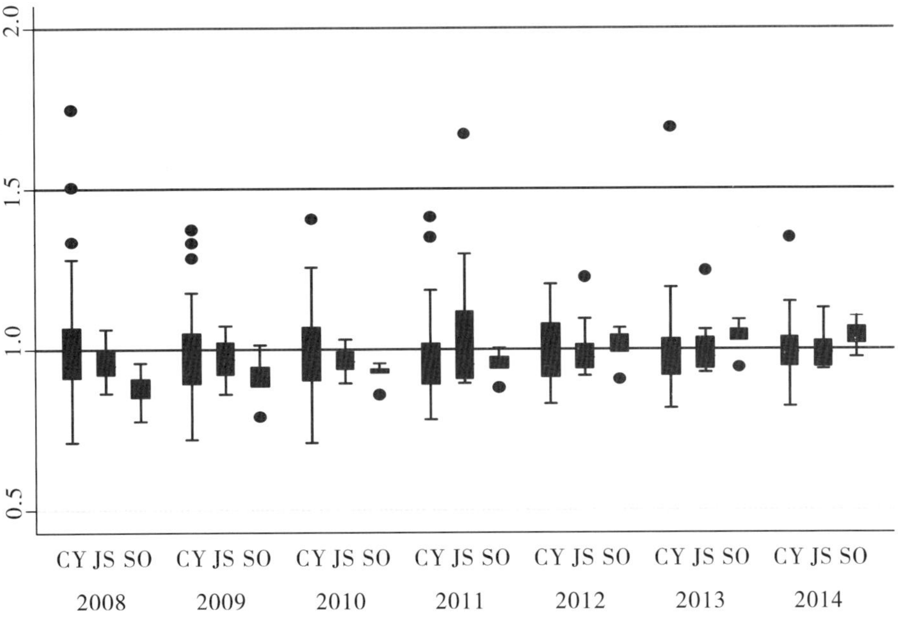

图 6.2 商业银行超效率 DEA 分布

注：其中 CY 代表地方法人银行，JS 代表股份制商业银行，SO 代表国有商业银行。

从有效商业银行分布的集中程度来看，地方法人银行历年均有 25% 以上的银行位于生产前沿面上，绝对数量明显高于股份制商业银行和国有商业银行，其中股份制商业银行中有效商业银行的占比基本也达到 25%，国有商业银行中有效商业银行的数量则在 2011 年之后才开始稳步增长。这说明与股份制、国有商业银行等全国性的大中型商业银行相比，地方法人银行由于与地方经济结合紧密，具备相对灵活的决策、激励和用人机制，即具有“船小好掉头”的制度优势，更容易实现同一产出水平下的投入最小化。

从各商业银行超效率 DEA 的变动趋势来看，国有商业银行效率改善最为明显，尤其是 2013 年四家国有商业银行实现 DEA 有效，开始扭转长期经营低效的局面，呈现“追赶效应”，突显了大型国有商业银行股份制改造、综合经营和国际化战略等系列改革措施的成效。

从超效率 DEA 正常值的分布区间和异常值来看，地方法人银行的集中程度最差，其矩形方盒及尾长线段皆为三类商业银行中最长，且下边缘最小及上边缘最大。股份制商业银行次之，国有商业银行除 2009—2013 年均存在异常小值外，其分散性最小。这说明地方法人银行虽更容易实现经营有效，但也容易出现“两极分化”。效率低的银行极低，相对于国有商业银行和股份制商业银行的政策导向而言，地方法人银行应强调差异化管理。

根据上述超效率 DEA 测算结果及异常值的思路，将投入—产出比最大的商业银行定义为最佳实践银行［姜永宏、蒋伟杰（2014）也采用相同定义］，投入—产出比最小的商业银行定义为表现欠佳银行，结果如表 6.4、表 6.5 所示。

表 6.4　历年最佳实践银行

最佳实践银行	2008	2009	2010	2011	2012	2013	2014
国有商业银行	中国银行	中国银行	中国银行	中国建设银行	交通银行	中国银行	交通银行
股份制商业银行	恒丰银行	中信银行	兴业银行	恒丰银行	恒丰银行	恒丰银行	恒丰银行
地方法人银行	盛京银行	内蒙古银行	包商银行	南昌银行	厦门国际银行	桂林银行	浙江稠州商业银行

表 6.5　历年表现欠佳银行

表现欠佳银行	2008	2009	2010	2011	2012	2013	2014
国有商业银行	中国农业银行	中国农业银行	中国农业银行	中国农业银行	中国农业银行	中国农业银行	中国农业银行
股份制商业银行	浙商银行	渤海银行	华夏银行	华夏银行	华夏银行	华夏银行	平安银行
地方法人银行	珠海华润银行	珠海华润银行	北京农商银行	珠海华润银行	珠海华润银行	北京农商银行	北京农商银行

表 6.4、表 6.5 分别列示了三类商业银行中历年效率表现最佳、欠佳的银行，其中中国银行作为最佳实践银行在样本期内共出现 4 次，这与其注重风险控制，实行国际化、多元化的发展战略以及集中化、专业化的风险管理技术等有很大关系。中国农业银行在样本期内均为表现欠佳银行，可能的解释是中国农业银行网点较多，且大多数位于县城、乡镇等偏远地区，而且中国农业银行承担了更多服务三农的重任，因而机构、员工冗余等导致其经营效率相对较低（李南成、王蒙，2014）。

恒丰银行则 5 次成为股份制商业银行中的最佳实践银行，截至 2014 年末，其已开业的一级分行仅 12 家，除 2014 年 11 月 19 日成立北京分行外其分支机构主要布局在山东省内和资产质量较高的重庆、浙江等地区，这说明恒丰银行的高效率与其机构精简、立足地方、重视资产质量和风险管理不无关系。同样为中等规模的华夏银行却 4 次成为表现欠佳银行，可能的解释是华夏银行样本期内资产质量较差，不良贷款率偏高，费用及拨备计提增速快过贷款总量的增长使得信用成本高于行业平均水平，从而削弱了银行的盈利能力。

各年的最佳实践地方法人银行则未重复出现，表现欠佳银行则有珠海华润银行和北京农商银行，两家银行均位于东部经济金融发达的地区，这可能说明地方法人银行经营效率受地域、经济因素的影响较为明显。其中珠海华润银行 4 次成为地方法人银行中的表现欠佳银行，一个可能的解释是受地域环境影响，濒临珠江三角洲等金融发达地区，业务竞争激烈，加上本身规模和资金实力有限，经营管理水平和风险控制能力无法适应业务发展需要，产出能力较弱。

综上所述，我们发现地方法人银行不存在明显的绝对优势，差异化、特色化的经营战略以及依托本土市场的优势使得地方法人银行更容易实现赶超，东部地区地方法人银行则由于不良贷款率普遍居高以及银行业务竞争激烈，更容易出现效率损失；从股份制商业银行和国有商业银行最佳实践和表现欠佳银行都重复出现方面看，两类商业银行可能因规模大、调整弹性小，使得最佳实践银行更易维持绝对优势，表现欠佳银行要通过转型调整改变不利地位更加困难和复杂，从而形成“强者恒强、弱者恒弱”局面。

（2）各类商业银行相对效率优势。

此处借助技术效率分解以期发现上述各类商业银行效率变动特征的内在动力及相对效率优势。结果如图 6.3、图 6.4 所示。

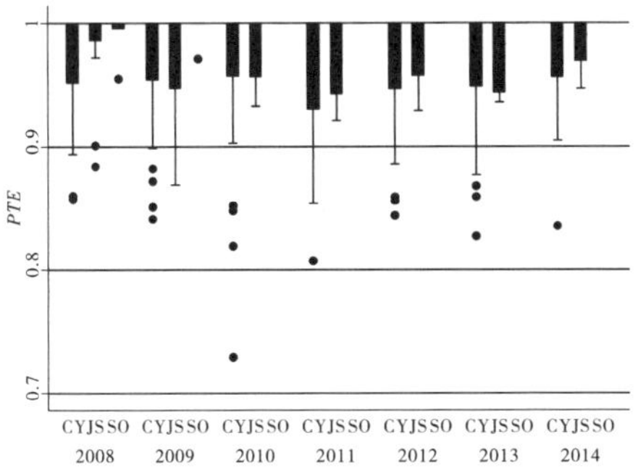

图 6.3 我国商业银行纯技术效率分布情况

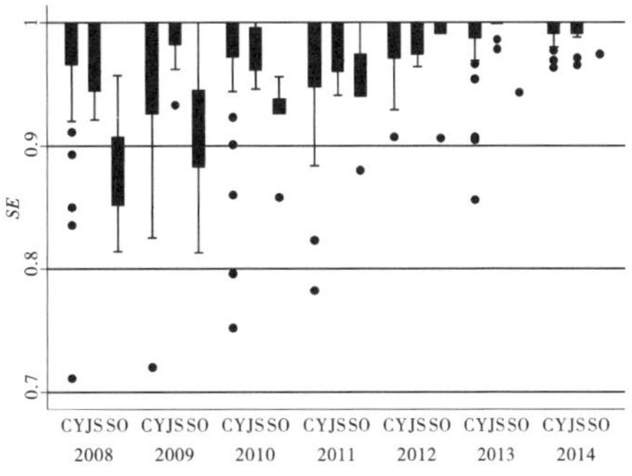

图 6.4 我国商业银行规模效率分布情况

注：*PTE* 为纯技术效率，*SE* 为规模效率。其中 CY 代表地方法人银行，JS 代表股份制商业银行，SO 代表国有商业银行。

其中，国有商业银行纯技术效率表现最好，2010 年后五大国有商业银行均实现了纯技术有效，说明其在新技术的接受和应用能力方面占有绝对优势；而在规模效率方面，截至 2011 年表现欠佳，2012 年开始赶超其他银行，并于 2013 年、2014 年实现四家国有商业银行规模效率有效。这说明国有商业银行超效率表现出的阶段特征主要是由规模效率变动引起的，长期经营低效局面主要源自规模不经济。另注意到 2010 年后国有商业银行规模效率始终存在一个异常小值，该异常小值对应的银行为中国农业银行，这也可以成为中国农业银行为表现欠佳银行的一个有力证明。

从中位数和正常值的分布区间看，股份制商业银行的纯技术效率均低于国有商业银行，纯技术有效银行在绝对数量上也低于地方法人银行，在 2009 年、2013 年、2014 年度表现较为明显；规模效率方面，2012 年前股份制商业银行优于国有商业银行，而从规模效率中位数和上四分位数来看，又劣于地方法人银行。

地方法人银行在规模效率方面具有相对优势，但随着银行间规模效率差距缩小，其优势地位正逐渐受到威胁；纯技术效率与国有商业银行相比，优势不明显，但纯技术有效银行在绝对数量上仍高于国有商业银行和股份制商业银行；与此同时，地方法人银行间的纯技术效率差异性很大，这说明其效率差异特征主要是由技术水平参差不齐引起的。

3. 商业银行效率的地区差异

由上述分析可知，地方法人银行在纯技术效率、规模效率方面差异分化更明显，并且地域因素可能影响地方法人银行的效率表现。因此，本章将地方法人银行划分为东部、中部和西部地区三类。因五大国有商业银行和股份制商业银行经营范围的全国性，无法进行明确的区域划分，此处分析对象仅限于地方法人银行。结果见表 6.6。

表 6.6 地方法人银行效率的地区差异

年份	地方法人银行			东部地区			中部地区			西部地区		
	TE	*PTE*	*SE*	*TE*	*PTE*	*SE*	*TE*	*PTE*	*SE*	*TE*	*PTE*	*SE*
2008	0.943	0.974	0.968	0.930	0.974	0.954	0.952	0.957	0.996	0.968	0.984	0.983
2009	0.936	0.973	0.961	0.934	0.982	0.951	0.905	0.926	0.976	0.959	0.983	0.975
2010	0.940	0.967	0.972	0.928	0.964	0.963	0.926	0.942	0.983	0.976	0.989	0.986
2011	0.935	0.967	0.967	0.927	0.963	0.963	0.940	0.963	0.976	0.951	0.977	0.973
2012	0.951	0.966	0.984	0.945	0.959	0.985	0.943	0.964	0.977	0.967	0.983	0.985

(续上表)

年份	地方法人银行			东部地区			中部地区			西部地区		
	TE	*PTE*	*SE*	*TE*	*PTE*	*SE*	*TE*	*PTE*	*SE*	*TE*	*PTE*	*SE*
2013	0.954	0.968	0.986	0.946	0.965	0.980	0.945	0.951	0.993	0.980	0.985	0.995
2014	0.971	0.977	0.994	0.969	0.975	0.994	0.971	0.975	0.996	0.976	0.983	0.993
平均	0.947	0.970	0.976	0.940	0.969	0.970	0.940	0.954	0.985	0.968	0.983	0.984

注：数据来源于笔者整理；地区划分的依据为地方法人银行总行所在地的省份，虽然地方法人银行跨区域经营基本实现政策放开，但地方法人银行分支机构主体基本未超出省际范围。

从表6.6中可以发现地方法人银行经历了2007—2011年的战略投资者引进、公司治理改革及跨区域经营放开转型调整后，经营效率于2012年开始稳步上升，初步显现地方法人银行改革发展的成效。

从不同地区间的横向比较来看，东部、中部、西部地区的综合技术效率平均值分别为0.940、0.940、0.968，且东部和中部地区地方法人银行综合技术效率平均值均低于全国平均水平0.947。上述效率得分意味着，东、中、西部地区地方法人银行分别出现6%、6%、3.2%的效率损失，在投入导向下，东部和中部地区地方法人银行在相同产出水平下比西部地区存在更大比例的投入冗余。纯技术效率方面，西部地区最高，均值为0.983，东部地区与西部地区相差0.014，中部地区最低为0.954。规模效率方面，西部地区高于东部地区0.014，但低于中部地区。总之，西部地区地方法人银行效率表现始终优于东部地区地方法人银行，中部地区地方法人银行则在规模效率方面具有相对优势。

基于以上现象，本章整理了东、中、西部地区地方法人银行2008—2014年的不良贷款率、存贷比、业务及管理费、资产总额数据，结果如表6.7所示。样本期内东部地区地方法人银行的平均资产总额为1 847.13亿元，远高于中部和西部地区地方法人银行的1 336.71亿元和906.61亿元，可能的解释是东部地区地方法人银行由于地处经济、金融发达地区加之区域银行业竞争激烈，更有动力和资本实力进行规模扩张；却也导致了"东部地区地方法人银行为获得与中部和西部地区地方法人银行的等量收入需要在营销、网点和电子银行建设、系统维护和升级以及人员费用等方面支付更多的成本"，存在着规模不经济。

另外，东部地区地方法人银行更容易受经济增长放缓和国际经济低迷的影响，不良贷款率平均值高于中部和西部地区，其中东部和西部地区地方法人银行不良贷款率相差0.45 百分点，“加之东部部分地区特别是长江三角地区和部分行业成为不良贷款问题爆发的‘重灾区’，民间借贷风波以及‘互保’‘联保’等问题加重了东部沿海地区中小微型企业违约风险的扩散”；另根据《银行家》发布的《2012 年中国地方法人银行竞争力评价报告》，西部地区地方法人银行拨备覆盖率将约为东部地区的2 倍，可以看出西部地区地方法人银行经营更为谨慎，风险控制和管理较为严格。而东部地区地方法人银行存贷比分别高出中部、西部地区5.06、7.13 百分点，说明东部地区放贷规模更大，而在贷款技术、风险控制能力及贷后管理能力方面的不匹配使得综合技术效率水平落后于西部和中部地区。

表6.7　地方法人银行业务指标的地区差异情况

年份	东部地区				中部地区				西部地区			
	NPL（%）	*LDR*（%）	*EX*（亿元）	*TA*（亿元）	*NPL*（%）	*LDR*（%）	*EX*（亿元）	*TA*（亿元）	*NPL*（%）	*LDR*（%）	*EX*（亿元）	*TA*（亿元）
2008	2.69	65.75	8.27	811.27	2.65	62.42	8.11	554	2.67	63.76	4.28	329.33
2009	2.60	65.29	9.24	1 075.59	1.58	61.65	8.97	694.97	1.53	60.87	4.78	459.74
2010	1.89	62.94	11.90	1 446.36	1.23	56.86	10.85	994.82	0.90	55.34	6.26	644.03
2011	1.30	63.54	15.24	1 717.71	0.79	56.24	14.71	1 285.17	0.69	53.78	9.04	870.51
2012	0.99	64.40	18.11	2 144.01	0.94	57.84	17.82	1 612.57	0.74	53.34	11.34	1 114.96
2013	0.98	62.97	20.70	2 589.21	0.96	57.59	20.75	1 943.39	0.82	53.90	14.22	1 325.08
2014	1.17	63.88	23.46	3 145.79	1.23	60.74	24.12	2 272.05	1.14	57.87	17.30	1 602.64
平均	1.66	64.11	15.28	1 847.13	1.34	59.05	15.05	1 336.71	1.21	56.98	9.60	906.61
银行数（家）	23	23	23	23	7	7	7	7	11	11	11	11

数据来源：Wind 咨讯数据库，缺失数据来源于银行年报。其中*NPL* 为不良贷款率，*LDR* 为存贷比，*EX* 为业务及管理费，*TA* 为银行统计期末的资产总额。

6.2.2　第二阶段SFA 回归分析

笔者根据第二阶段SFA 回归思路，将第一阶段计算得出的投入差额值作为被解释变量，以五个环境变量作为解释变量。由于本章数据取自2008 年至2014 年7 年的数据，DEA 无法进行面板分析，故此处分析基于每年的截面数据分别进行SFA 回归，由Frontier 4.1 软件进行计算，结果如表6.8 至表6.14 所示。

表6.8 2008年投入差额值SFA回归结果

因变量	存款总额差额		利息支出差额		业务及管理费差额	
	系数	标准差	系数	标准差	系数	标准差
常数项	-35 576.89*** (-35 575.93)	1.000 03	-558.50*** (-500.80)	1.12	-1 515.95*** (-1 480.58)	1.02
实际GDP增长率	1 329.72*** (1 326.43)	1.002 48	42.83*** (86.80)	0.49	160.46*** (68.67)	2.34
HHIA	37 319.93*** (37 319.92)	1.00	203.58*** (203.18)	1.00	1 397.26*** (1 396.71)	1.000 4
设立年限	-2 804.42*** (-2 791.30)	1.004 7	5.89*** (4.74)	1.24	-36.19*** (-6.58)	5.50
银行规模	-0.004 71* (-1.71)	0.002 8	-0.000 37*** (-46.61)	0.000 01	-0.000 14*** (-5.98)	0.000 02
产权性质	62 877.51*** (62 877.51)	1.00	2 665.78*** (2 665.52)	1.000 1	1 039.69*** (6.65)	156.44
σ^2	5 287 370 300*** (5 287 370 300)	1.00	934 757.81*** (934 757.80)	1.00	9 974 412.80*** (9 957 416.00)	1.001 7
γ	0.999 999 8		0.999 999 99		0.999 889 7	
Log likelihood function	-720.00		-448.38		-497.71	

注：数据来源于笔者整理；其中括号内为 t 值，*代表0.1显著性水平，***代表0.01显著性水平。

表6.9 2009年投入差额值SFA回归结果

因变量	存款总额差额		利息支出差额		业务及管理费差额	
	系数	标准差	系数	标准差	系数	标准差
常数项	-80 854.51*** (-623.38)	129.70	-597.19*** (-343.92)	1.74	-2 894.28*** (-2 893.98)	1.000 1
实际GDP增长率	4 803.05*** (37.03)	129.70	58.73*** (3.62)	16.23	173.08*** (171.59)	1.008 6

（续上表）

因变量	存款总额差额		利息支出差额		业务及管理费差额	
	系数	标准差	系数	标准差	系数	标准差
HHIA	87 227.94*** (5 325.94)	16.38	672.90*** (662.70)	1.02	2 749.45*** (2 749.44)	1.00
设立年限	-608.58 (-0.68)	897.02	-8.94* (-1.67)	5.34	-92.52*** (-90.39)	1.023 6
银行规模	-0.002 2*** (-5.38)	0.000 4	-0.000 02 (-1.36)	0.000 01	0.000 01 (0.43)	0.00
产权性质	47 043.71*** (10 427.49)	4.51	187.32*** (184.23)	1.02	1 380.28*** (1 380.28)	1.00
σ^2	7 109 293 900*** (7 109 293 900)	1.00	382 826.86*** (382826.85)	1.00	8 041 823.40*** (8 041 823.40)	1.00
γ	0.999 999 99		0.999 999 99		0.999 999 99	
Log likelihood function	-718.93		-418.57		-527.18	

注：数据来源于笔者整理；其中括号内为 t 值，*代表 0.1 显著性水平，***代表 0.01 显著性水平。

表 6.10 2010 年投入差额值 SFA 回归结果

因变量	存款总额差额		利息支出差额		业务及管理费差额	
	系数	标准差	系数	标准差	系数	标准差
常数项	-16 154.07*** (-16 558.52)	0.98	-369.55*** (-369.34)	1.00	-263.18*** (-264.96)	0.99
实际 GDP 增长率	367.30*** (178.82)	2.05	10.99*** (10.37)	1.06	7.90*** (48.20)	0.16
HHIA	1 518.32*** (1 518.82)	0.999 7	400.34*** (400.34)	1.00	171.88*** (171.89)	1.00
设立年限	105.92*** (31.89)	3.32	0.41 (0.39)	1.06	5.50*** (16.82)	0.33

（续上表）

因变量	存款总额差额		利息支出差额		业务及管理费差额	
	系数	标准差	系数	标准差	系数	标准差
银行规模	0.001 22*** (2.79)	0.000 44	0.000 03*** (15.03)	0.00	0.000 013*** (11.75)	0.00
产权性质	−7 164.60*** (−7 165.85)	0.999 83	−187.83*** (−187.83)	1.00	−158.15*** (−158.24)	0.999 4
σ^2	415 067 190*** (415 067 190)	1.00	164 543.05*** (164 543.05)	1.00	108 691.80*** (108 691.81)	1.00
γ	0.999 999 99		0.999 999 99		0.999 999 99	
Log likelihood function	−637.15		−401.06		−380.72	

注：数据来源于笔者整理；其中括号内为 *t* 值，*代表0.1显著性水平，***代表0.01显著性水平。

表6.11 2011年投入差额值SFA回归结果

因变量	存款总额差额		利息支出差额		业务及管理费差额	
	系数	标准差	系数	标准差	系数	标准差
常数项	−20 213.43*** (−20 213.37)	1.00	−635.79*** (−636.99)	0.998 1	−294.60*** (−294.06)	1.001 8
实际GDP增长率	−55.63*** (−55.62)	1.000 26	−2.56*** (−3.11)	0.82	−1.62 (−1.41)	1.15
HHIA	4 448.70*** (4 448.70)	1.00	233.26*** (233.27)	0.999 98	52.31*** (52.30)	1.00
设立年限	675.09*** (674.77)	1.000 47	22.11*** (87.20)	0.25	10.35*** (9.60)	1.08
银行规模	0.001 2*** (4.47)	0.000 26	0.000 03*** (4.84)	0.000 01	0.000 02*** (8.48)	0.000 002
产权性质	−17 010.45*** (−17 010.45)	1.00	−559.97*** (−559.97)	1.00	−248.76*** (−248.77)	0.999 99

（续上表）

因变量	存款总额差额		利息支出差额		业务及管理费差额	
	系数	标准差	系数	标准差	系数	标准差
σ^2	544 964 980*** (544 964 980)	1.00	434 843.21*** (434 843.21)	1.00	120 386.89*** (120 386.89)	1.00
γ	0.999 999 99		0.999 999 99		0.999 999 99	
Log likelihood function	-645.93		-432.89		-392.15	

注：数据来源于笔者整理；其中括号内为 t 值，*** 代表 0.01 显著性水平。

表 6.12　2012 年投入差额值 SFA 回归结果

因变量	存款总额差额		利息支出差额		业务及管理费差额	
	系数	标准差	系数	标准差	系数	标准差
常数项	-17 063.72*** (-17 063.61)	1.00	-618.68*** (-604.41)	1.02	-477.73*** (-475.69)	1.00
实际 GDP 增长率	135.44*** (135.40)	1.000 4	5.43*** (2.77)	1.96	5.18*** (4.21)	1.23
HHIA	-14 535.98*** (-14 535.98)	1.00	-4.73*** (-4.73)	1.00	-236.55*** (-236.54)	1.00
设立年限	532.93*** (532.30)	1.001 2	20.33*** (31.77)	0.64	16.26*** (8.67)	1.87
银行规模	0.000 83*** (39.71)	0.000 02	0.000 02** (2.16)	0.000 01	0.000 013 (1.17)	0.000 01
产权性质	-12 463.76*** (-12 463.76)	1.00	-458.80*** (-458.38)	1.0009	-249.23*** (-249.23)	1.00

(续上表)

因变量	存款总额差额		利息支出差额		业务及管理费差额	
	系数	标准差	系数	标准差	系数	标准差
σ^2	408 849 850*** (408 849 850)	1.00	441 620.81*** (441 620.81)	1.00	225 275.50*** (225 275.50)	1.00
γ	0.999 999 99		0.999 999 99		0.999 999 99	
Log likelihood function	-638.18		-431.97		-410.81	

注：数据来源于笔者整理；其中括号内为 t 值，** 代表 0.05 显著性水平，*** 代表 0.01 显著性水平。

表 6.13 2013 年投入差额值 SFA 回归结果

因变量	存款总额差额		利息支出差额		业务及管理费差额	
	系数	标准差	系数	标准差	系数	标准差
常数项	-21 449.09*** (-21 449.08)	1.00	-1 265.51*** (-1 265.04)	1.000 4	-342.91*** (-324.71)	1.06
实际 GDP 增长率	547.65*** (547.64)	1.00 002	-41.20*** (-40.32)	1.02	10.53*** (3.76)	2.80
HHIA	21 432.71*** (21 432.71)	1.00	-832.81*** (-832.80)	1.00	111.78*** (111.72)	1.000 6
设立年限	286.64*** (286.65)	0.999 98	47.27*** (50.91)	0.93	8.79*** (6.41)	1.37
银行规模	0.001 8*** (4.20)	0.000 44	0.000 1*** (15.21)	0.000 01	0.000 004 (0.27)	0.000 01
产权性质	-33 935.09*** (-33 935.09)	1.00	-2 184.17*** (-2 184.11)	1.00	-455.62*** (-454.15)	1.003 2
σ^2	764 364 290*** (764 364 290)	1.00	3 306 993.20*** (3 306 993.20)	1.00	184 210.71*** (184 210.71)	1.00
γ	0.999 999 99		0.999 999 99		0.999 999 99	
Log likelihood function	-653.65		-493.10		-403.76	

注：数据来源于笔者整理；其中括号内为 t 值，*** 代表 0.01 显著性水平。

表 6.14　2014 年投入差额值 SFA 回归结果

因变量	存款总额差额		利息支出差额		业务及管理费差额	
	系数	标准差	系数	标准差	系数	标准差
常数项	-24 570.51*** (-24 570.51)	1.00	-494.25*** (-495.83)	0.997	-291.46*** (-289.92)	1.01
实际 GDP 增长率	-175.64*** (-175.64)	0.999 9	28.49*** (35.34)	0.81	12.49*** (9.92)	1.26
HHIA	5 435.59*** (5 435.59)	1.00	-1 717.55*** (-1 722.79)	0.997	-724.71*** (-721.06)	1.01
设立年限	146.10*** (146.11)	0.999 96	44.47*** (121.85)	0.36	19.37*** (11.05)	1.75
银行规模	0.003 3*** (3.73)	0.000 9	0.000 2*** (670.64)	0.00	0.000 1*** (3.90)	0.000 02
产权性质	-51 572.13*** (-51 572.13)	1.00	-2 567.57*** (-2 568.48)	0.999 6	-1 398.20*** (-1 398.20)	1.00
σ^2	1 095 377 200*** (1 095 377 200)	1.00	5 095 912.30*** (5 095 912.30)	1.00	1 329 324.50*** (1 329 324.50)	1.00
γ	0.999 999 95		0.999 999 99		0.999 999 99	
Log likelihood function	-667.26		-504.45		-462.61	

注：数据来源于笔者整理；其中括号内为 t 值，***代表 0.01 显著性水平。

首先，从上述 7 年的回归结果总体来看，每个回归结果均表明表征环境因素的实际 GDP 增长率，代表银行业集中程度的市场结构指标 *HHIA*，设立年限，银行规模以及产权性质五个变量均对投入差额值产生显著影响，说明了在对商业银行效率进行测算时剔除环境变量的影响是十分必要的。每项回归方程的 γ 值均无限趋近于 1，根据 Fried 等人（2002）提出的观点，这说明在各个 DMU 形成的投入差额值中管理无效率的因素起着主要作用，而随机误差因素对投入差额值的影响则甚微。另国内学者在运用三阶段 DEA 方法进行实证研究时，大多数学者并未具体交代如何计算管理无效率的条件估计值，少部分学者如戴文文和高建福（2009），王莉、李勇和王满仓（2012）则给出了基于 Jondrow 等人（1982）提出的随机前沿生产函数分析中的条件估计公式，但这是对 Jondrow 等人（1982）的公式的一种误用（罗登跃，2012）。为避免此类争议，并基于本章 γ 值反映的我国商业银行实际情况，后文在根据 SFA 回归结果调整原始投入值时，与学者们通常的做法不同，本章只对环境变量的影响进行调整，而随机误差因素对样本投入差额值的影响几乎可以忽略不计。

其次，对于每年截面数据均进行 SFA 回归，可能需要考虑的情形是每个环境变量对某一投入差额值的影响方向是否始终一致，基于此，我们从横向和纵向的角度综合分析各环境变量对投入冗余变量的作用方向。结果如表 6.15 至表 6.17 所示。

表 6.15　各环境变量历年对存款总额差额影响方向情况汇总

变量	2008	2009	2010	2011	2012	2013	2014
实际 GDP 增长率	+	+	+	−	+	+	−
HHIA	+	+	+	+	−	+	+
设立年限	−	−	+	+	+	+	+
银行规模	−	−	+	+	+	+	+
产权性质	+	+	−	−	−	−	−

从表 6.15 可以看出，实际 GDP 增长率和市场结构指标 *HHIA* 对存款总额差额的作用方向总体均是正向显著的，说明总体经济向上增长、良好的宏观经济发展会带来个人收入的提高，从而增加商业银行的存款总额。而从表 6.18 可知，样本期间我国银行业的 *HHI* 呈逐年下降趋势，且 *HHIA* 和 *HHIL* 指数值都介于 1 000 ~ 1 800 之间，说明我国银行业正处于适度集中的市场结构中，并且集中程度不断下降。银行业集中程度的下降，说明我国商业银行间竞争加剧，存款市场份额的竞争愈加激烈会带来个体商业银行存款总额的下降。

设立年限、银行规模和产权性质三者均表现出较为明显的转型趋势，其中设立年限和银行规模对存款总额差额的影响从 2010 年同步转变为显著正向，这可能是因为 2008 年金融危机后，成立时间越长、规模较大的商业银行更容易受到危机冲击，表现为存款总额更加明显的下降，而 2010 年危机影响渐渐缓解之后，成立时间越长、规模越大的商业银行在经营管理过程中更加有可能因为存款投入方面的冗余而出现效率损失。产权性质这一虚拟变量对存款总额的影响从 2010 年发生改变说明，国有商业银行存款总额在 2008 年金融危机后并未像其他规模较大商业银行一样受到较大冲击，反而因产权性质的特殊而使存款总额有所增加；而随着危机冲击减弱，其他商业银行信誉和吸收存款能力的恢复，使得国有商业银行存款总额呈现下降趋势。

表 6.16　各环境变量历年对利息支出差额影响方向情况汇总

变量	2008	2009	2010	2011	2012	2013	2014
实际 GDP 增长率	+	+	+	−	+	−	+
HHIA	+	+	+	+	−	−	−
设立年限	+	−	+	+	+	+	+
银行规模	−	−	+	+	+	+	+
产权性质	+	+	−	−	−	−	−

表 6.17　各环境变量历年对业务及管理费差额影响方向情况汇总

变量	2008	2009	2010	2011	2012	2013	2014
实际 GDP 增长率	+	+	+	−	+	+	+
HHIA	+	+	+	+	−	+	−
设立年限	−	−	+	+	+	+	+
银行规模	−	+	+	+	+	+	+
产权性质	+	+	−	−	−	−	−

表 6.18　2008—2014 年我国商业银行的 HHI 指数情况

指标	2008	2009	2010	2011	2012	2013	2014
HHIL	0.122	0.120	0.117	0.114	0.112	0.109	0.108
HHIA	0.128	0.124	0.117	0.112	0.105	0.101	0.097

注：*HHIL* 和 *HHIA* 分别是基于样本商业银行的贷款和资产规模数据；上述计算得到的 *HHI* 在实际运用中需乘上 10 000，而根据美国政策实践中运用的标准：如果 *HHI* 大于 1 800，该市场被视为高度集中的市场；*HHI* 在 1 000 到 1 800 之间，该市场属于适度集中的市场；*HHI* 小于 1 000，该市场被归入集中程度较低的市场。

综观表 6.15 至表 6.17 我们发现，实际 GDP 增长率在样本期间对三项投入差额的影响方向总体上均表现为显著正相关。这说明总体经济运行状况越好，越有利于各商业银行拓展市场份额，相应地会加大商业银行的利息成本和业务及管理费的投入。从投入冗余角度看，这说明宏观经济环境越有利，商业银行经营管理理念可能会偏向于投入主导型，这有可能使商业银行在经济增长年份出现投入冗余而形成效率损失。

与存款总额差额不同，*HHIA* 对利息支出差额和业务及管理费差额的影响在样本期间并不表现为一致的正向影响。其中 *HHIA* 从 2012 年开始扭转了银行市场集中度对利息支出差额正向影响的局面，在 2012 年和 2014 年对业务及管理费差额产生显著的负向影响。这说明银行竞争程度在一定范围内是有利于降低银行利息支出和业务及管理费的，但伴随着竞争程度的不断加深，各商业银行为了维持和拓展市场版图，在经营管理过程中只能以更高的利息成本和投入更多的业务及管理费来实现，也即意味着我国商业银行间市场竞争程度的加大可能会造成整体银行业投入过重、经营管理效率下滑等不利影响。

设立年限、银行规模对利息支出差额、业务及管理费差额的影响在样本期间与这两个环境变量对存款总额差额的影响基本一致，不同之处在于商业银行成立时间越长，受危机影响对利息支出的减少效应相对于存款总额的下降效应要滞后一年，而规模越大的商业银行在危机应对中加大对业务及管理费的投入力度相对要提前一年。共同之处在于自 2010 年起，设立年限和银行规模对三项投入差额均起显著的正向作用，说明成立时间越长、规模越大的商业银行更容易形成投入冗余。

产权性质对三项投入差额的影响方向完全呈现同步现象，国有商业银行在危机后两年无论是在存款总额、利息支出的投入还是在业务及管理费方面的投入均高于其他性质的商业银行，而从 2010 年起国有商业银行的投入冗余开始下降，经营效率可能发生转变。

综上所述，SFA 回归结果中相关系数为正的环境变量会增加商业银行的各项投入差额，形成某项投入冗余，应归属于不利的环境因素，相关系数为负的环境变量则应视为对商业银行经营有利的环境因素。后文对原始投入值的调整则将 SFA 回归系数与环境变量观测值相乘后的最大值所对应的商业银行作为经营环境最差的商业银行，将所有商业银行的经营环境调整至相同差的水平后再重新进行效率测算。具体调整的思路正如前文所述与大多数学者不同，根据 Fried 等人（2002）提出的调整公式及我国商业银行的实际情况，对每年的截面数据分别进行调整，此处基于经营环境最差的商业银行确定的调整公式如下：

$$x_{ij}^{*}=x_{ij}+\left(\max\left\{\sum_{p=1}^{5}\beta_{pk}z_{pk}\right\}-\sum_{p=1}^{5}\beta_{pj}z_{pj}\right),\ i=1,\ 2,\ \cdots,\ m;\ j=1,\ 2,\ \cdots,\ n$$

其中：x_{ij}^{*} 和 x_{ij} 分别表示第 j 家商业银行第 i 项投入调整后的值和调整前的

实际值；$\max\{\sum_{p=1}^{5}\beta_{pk}z_{pk}\}$ 表示在某观测年份由环境变量导致的第 i 项投入的最大冗余值，代表着某家经营环境最差的商业银行；$\max\{\sum_{p=1}^{5}\beta_{pk}z_{pk}\}-\sum_{p=1}^{5}\beta_{pj}z_{pj}$ 则是将所有样本商业银行的经营环境调整至最差。

6.2.3 第三阶段与第一阶段效率的比较分析

该部分根据第二阶段 SFA 的回归结果及分析，对第一阶段原始的投入值进行调整，利用软件 DEAP Version 2.1 对调整后的投入值和原产出数据再次进行效率测算，得到剔除环境变量影响后的更加准确的第三阶段 DEA 效率值。

根据第一阶段效率分析思路，本章将第三阶段与第一阶段 DEA 平均效率对比情况整理如表 6.19 所示。

表 6.19 第一、第三阶段 DEA 平均效率对比情况

年份	综合技术效率		纯技术效率		规模效率		有效的商业银行数量（家）	
	第一阶段	第三阶段	第一阶段	第三阶段	第一阶段	第三阶段	第一阶段	第三阶段
2008	0.938	0.625	0.976	0.976	0.961	0.638	18	14
2009	0.937	0.869	0.974	0.963	0.962	0.900	20	15
2010	0.943	0.898	0.973	0.976	0.969	0.920	18	17
2011	0.940	0.905	0.971	0.969	0.967	0.934	20	18
2012	0.956	0.929	0.972	0.968	0.984	0.960	25	22
2013	0.960	0.889	0.972	0.972	0.989	0.914	27	17
2014	0.974	0.876	0.980	0.985	0.994	0.890	28	17
平均	0.950	0.856	0.974	0.973	0.975	0.879	22.3	17.1

从表 6.19 可以看出：第一，第一阶段中年均相对有效的商业银行数量是 22.3 家，即 420 个样本中有 156 个 DMU 是位于生产前沿面上的，第三阶段中年均相对有效的商业银行数量是 17.1 家，即有 120 个 DMU 处在生产前沿面上。说明经过第二阶段的调整，将第一阶段经营环境有利的商业银行统一调整至最差的环境中可以将第一阶段高估的银行效率降到正常水平，从而更准确地反映样本商业银行间经营管理效率的真实差距。第二，经过调整的第三阶段效率值整体上与第一阶段效率值存在差异，且基本都小于第一阶段效率值，这也

说明了剔除环境变量对效率的影响是很有必要的。第三，第一阶段综合技术效率值明显高于第三阶段，尤其是 2008 年差异最大，其综合技术效率值高估了 0.313，其余年份被高估的比例均在 0.1 左右。从平均情况来看，第三阶段综合技术效率值由 0.950 降低到 0.856，下降了 0.094；从综合技术效率期间走势来看，2008—2012 年第三阶段基本与第一阶段一样形成持续上涨的趋势，而从 2013 年开始则出现小幅向下走势。第四，从纯技术效率和规模效率两阶段对比来看，前者阶段差异相对较小，由第一阶段的 0.974 降低到 0.973，只下降了 0.001，而规模效率阶段差异较大，由第一阶段的 0.975 降低到 0.879，下降了 0.096。并且从第三阶段规模效率的年均变化情况看，整体规模效率在 2012 年达到峰值后开始下降，这说明我国商业银行由规模扩张带来的经济效应在 2013 年后已不复存在，这一时间点与第一阶段相比滞后了三年，意味着在剔除银行自身绝对规模的影响后，我国商业银行规模经济效应存在时间向后延展了三年。

综上所述，我们发现第一阶段综合技术效率维持持续上涨的趋势并且效率的绝对值高于第三阶段，主要是因为规模效率被高估，其中大部分经营环境有利的商业银行在第一阶段拉升了平均效率情况。而第二阶段 SFA 回归结果显示样本期间大部分环境变量对效率的影响是不利的，将样本商业银行统一调整至最差的经营环境中会降低商业银行的总体效率。

在消除经营环境差异对效率的影响后，各类商业银行间的相对效率比较显得更加重要，基于此，本章利用 Stata 软件得出三类商业银行超效率 DEA 和纯技术效率、规模效率间的箱形图分布情况，结果如图 6.5 至图 6.7 所示。

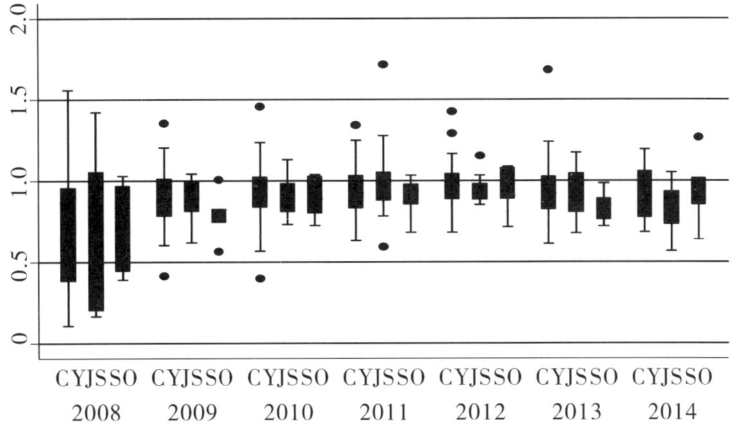

图 6.5 第三阶段超效率 DEA 分布情况

注：其中 CY 代表地方法人银行，JS 代表股份制商业银行，SO 代表国有商业银行。

从超效率整体分布区间来看，三阶段超效率值整体下降，并出现超效率值在0.5以下的情况，另各类商业银行矩形盒分布区间和中位线位置大多位于1以下，这与前述综合技术效率减小的现象是吻合的。

由第二阶段中产权性质对银行投入差额值的影响从2010年开始呈现显著的负相关来看，国有背景对商业银行来说是一项有利于经营管理的环境因素，一定程度上使得第一阶段国有商业银行的超效率改善非常明显，而在剔除这一有利条件后国有商业银行超效率表现并不如第一阶段那么激进。图6.5中国有商业银行超效率值并未实现很大突破，除此之外，地方法人银行和股份制商业银行间的分布格局基本未发生明显变化。其中从超效率中位数和有效商业银行分布的集中程度来看，地方法人银行依然是三类商业银行中表现最好的，从分布区间和异常值来看，其集中程度仍然最差，易出现两极分化。

第三阶段最佳实践银行、表现欠佳银行在剔除环境变量后，变化最为明显的是中国农业银行，由历年表现欠佳提高到两次成为国有商业银行中的最佳实践银行，这说明中国农业银行长期经营低效的很大一部分原因是受现有规模庞大的拖累，单纯从银行经营管理能力和技术水平上看，中国农业银行还是占有一定优势的。而中国建设银行的经营管理效率在国有商业银行中相对较低，4次成为表现欠佳银行，如表6.20、表6.21所示。

表6.20　第三阶段历年最佳实践银行

最佳实践银行	2008	2009	2010	2011	2012	2013	2014
国有商业银行	中国银行	中国银行	中国银行	交通银行	中国农业银行	中国农业银行	中国建设银行
股份制商业银行	浙商银行	中信银行	广发银行	光大银行	浦发银行	广发银行	华夏银行
地方法人银行	福建海峡银行	威海市商业银行	包商银行	贵阳银行	江阴农商银行	江苏银行	天津银行

表6.21　第三阶段历年表现欠佳银行

表现欠佳银行	2008	2009	2010	2011	2012	2013	2014
国有商业银行	中国建设银行	中国工商银行	中国建设银行	中国建设银行	交通银行	中国建设银行	中国农业银行

（续上表）

表现欠佳银行	2008	2009	2010	2011	2012	2013	2014
股份制商业银行	光大银行	兴业银行	浦发银行	兴业银行	广发银行	华夏银行	光大银行
地方法人银行	阜新银行	阜新银行	珠海华润银行	长沙银行	南海农商银行	北京银行	盛京银行

就第三阶段纯技术效率表现而言，国有商业银行纯技术效率方面的优势不再突显，而地方法人银行在规模效率方面的相对优势也有所减弱，如图 6.6、图 6.7 所示。这说明在剔除了环境变量对银行效率的影响之后，我国商业银行间普遍存在着规模效率下降的现象，而纯技术效率在各类商业银行间同质化趋势增强。

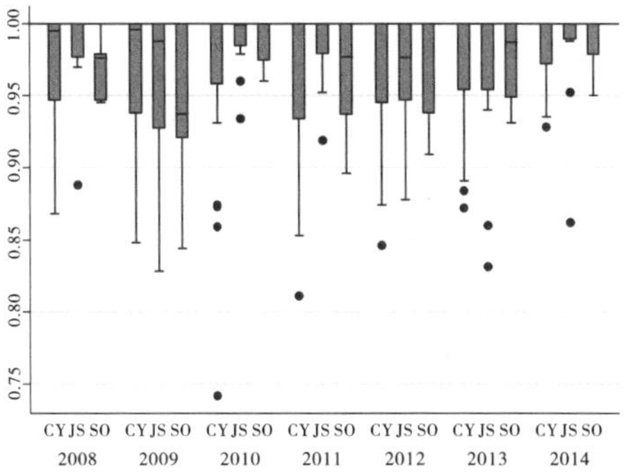

图 6.6　第三阶段纯技术效率分布情况

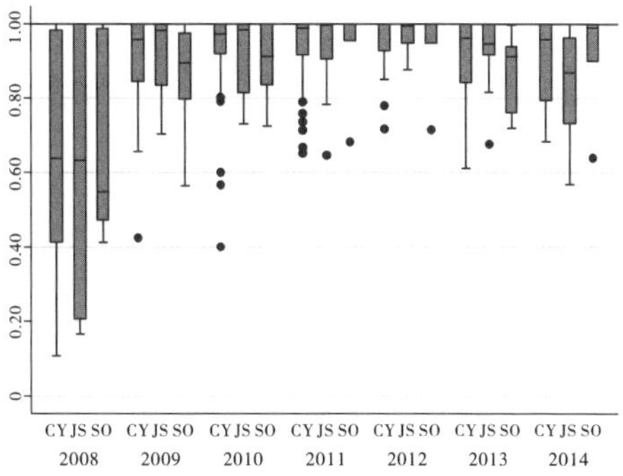

图 6.7　第三阶段规模效率分布情况

注：其中 CY 代表地方法人银行，JS 代表股份制商业银行，SO 代表国有商业银行。

从第三阶段地方法人银行间效率的比较看，整体上综合技术效率方面西部地区仍然高于东、中部地区，但在剔除环境变量影响后，东部地区在纯技术效率方面占据相对优势，规模效率落后于西部地区 2.1 百分点，综合技术效率落后于西部地区 1.6 百分点，如表 6.22 所示。

表 6.22　地方法人银行效率的地区差异

年度	地方法人银行			TE			PTE			SE		
	TE	PTE	SE	东部	西部	中部	东部	西部	中部	东部	西部	中部
2008	0.626	0.976	0.640	0.640	0.679	0.495	0.984	0.965	0.963	0.648	0.701	0.513
2009	0.874	0.967	0.902	0.846	0.899	0.932	0.968	0.960	0.974	0.873	0.935	0.953
2010	0.899	0.972	0.925	0.889	0.918	0.905	0.975	0.975	0.958	0.913	0.941	0.945
2011	0.902	0.965	0.935	0.914	0.908	0.847	0.973	0.964	0.937	0.939	0.944	0.905
2012	0.931	0.968	0.961	0.916	0.936	0.977	0.958	0.972	0.997	0.954	0.963	0.981
2013	0.892	0.974	0.916	0.898	0.881	0.888	0.976	0.975	0.967	0.920	0.903	0.921
2014	0.888	0.985	0.901	0.887	0.886	0.893	0.989	0.978	0.984	0.898	0.906	0.907
平均	0.859	0.972	0.883	0.856	0.872	0.848	0.975	0.970	0.969	0.878	0.899	0.875

注：数据来源于笔者整理；地区划分的依据为地方法人银行总行所在地的省份，虽然地方法人银行跨区域经营基本实现政策放开，但其分支机构主体基本未超出省际范围。

6.3 结论与建议

自 Fried 等人提出三阶段 DEA 分析法后，国内将三阶段 DEA 法运用于银行效率研究的文献尚不多见。笔者在梳理此类文献时发现：在建立第二阶段 SFA 回归方程时，学者们通常的做法是将面板数据中所有投入差额值不为零的样本融合为一个截面数据，根据这种方式调整后再引入第一阶段重新测算效率。而第一阶段 DEA 方法是不能处理面板数据的，计算的效率值也是逐年进行的，这种调整方式可能与第一阶段的数据是不匹配的。基于此，本章选取了我国 2008—2014 年拥有完整数据的 60 家商业银行，包括 5 家国有商业银行、12 家股份制商业银行和 43 家地方法人银行作为研究样本，这 60 家银行基本代表了我国商业银行的整体情况。通过综合采用三阶段 DEA 和超效率 DEA 分析方法得出如下几点结论：

第一，在我国商业银行经营环境参差不齐的状态下，危机后我国商业银行综合技术效率总体呈上升趋势，效率增长贡献主要源于规模效率的提升，纯技术效率基本呈停滞状态；而剔除环境变量对效率的影响后发现，规模效率在第一阶段被高估了，此时纯技术效率大于规模效率。因此提升我国商业银行经营管理效率，仍应重点从提高商业银行自身经营管理水平和技术水平入手。

第二，地方法人银行更容易处于有效前沿面上，但效率表现分化严重；剔除环境变量的影响后，国有商业银行效率改善情况并不如第一阶段那么乐观；股份制商业银行和国有商业银行可能因规模大、调整弹性小，使得最佳实践银行更易维持绝对优势，而表现欠佳银行要实现转型改变不利地位则更加困难和复杂。

第三，在第一阶段效率评价中，国有商业银行在技术效率上存在相对竞争优势，地方法人银行则在规模效率方面存在相对竞争优势，但其优势地位随着全国性大中型商业银行的转型调整而渐渐消失；但剔除环境变量后，国有商业银行的技术效率优势和地方法人银行的规模效率优势均有所减弱。

第四，各类商业银行间纯技术效率呈现趋同现象，在 2013 年后商业银行规模扩张基本不带来经济效应的背景下，技术水平已然成为现阶段及未来我国商业银行间竞争的核心力量，各商业银行应从创新产品和服务、提高经营管理技术等方面跳出商业银行同质化的发展路径。

第五，东部地区的地方法人银行不良贷款率居高加之规模扩张更快，风险控制能力及贷后管理能力的不足使得其与有效生产前沿面的平均差距最大；西部地区在纯技术效率方面具有相对优势，这与其经营更为谨慎、风险控制和管理能力较强不无关系。

第六，环境变量对商业银行效率的影响表现为如下几个方面：首先，宏观经济运行状况越好，商业银行经营管理理念可能会偏向于投入主导型，更有可能在经济增长年份出现投入冗余而形成效率损失。其次，商业银行间竞争加剧，各商业银行为了维持和拓展市场份额，在经营管理过程中更可能投入高成本，从而造成整体银行业投入过重、经营管理效率下滑等不利影响。再次，我国商业银行设立年限和规模因素对银行投入差额均起显著的正向作用，说明成立时间越长、规模越大的商业银行更容易产生投入冗余。最后，国有性质对商业银行效率起显著的正向作用。总之，实体经济快速发展、银行间竞争加剧、经营时间越长和规模越大对我国商业银行来说都归属于对提高经营效率不利的环境因素。

基于上述结论的几点启示：

第一，在商业银行规模扩张基本不带来经济效应的背景下，商业银行的技术水平仍然有很大的提升空间。面对计算机和互联网技术发展引起的商业模式和金融业态的变化，银行业要加快推进信息化建设，加快转变发展方式，重视技术创新带动产品和服务创新。加快互联网金融业务的发展，以满足消费者个性化、差异化的金融需求，而不仅仅是采取拼规模、布网点等简单的外延粗放增长方式。

第二，对于全国性的大中型商业银行，尤其是规模和人员机构基数较大的国有商业银行，国际化、多元化的发展战略是未来发展的必经之路。面对行业内外日益激烈的竞争，商业银行作为服务实体经济的金融机构，也必须加快拓展海外业务。虽然中国银行、中国工商银行等大型银行已基本搭建起全球化经营的渠道和网络，但其他商业银行国际竞争力尚未显现，今后要从制度建设方面促进大型商业银行之间的良性竞争，避免落入“弱者恒弱”的发展困境。

第三，中小型商业银行要注重转型调整，通过创新业务与提升服务水平来拓宽和维护市场地位，从而获得更多的利润。同时，立足区域经济，把握自身特点，将服务群体拓展至小微企业和城市居民，与地方经济形成良性的相互促进效应，从而与大中型商业银行形成错位竞争，实现“弯道超车”。

7 不良贷款约束下中国商业银行全要素生产率

7.1 研究方法设计

在将环境因素纳入生产率分析框架时，我们会面临如下问题：①如何对好产出和坏产出（如污染）的联合生产问题进行建模，由于技术等因素的制约在扩大好产出的同时，往往坏产出也会随之增加；②如何将坏产出的减少作为一种效率提升放入整体分析框架。针对上述问题，Chung 等人（1997）创新性地提出了 Malmquist-Luenberger 指数。但 Malmquist-Luenberger 指数需要假定成本最小化或者投入最大化，即选择投入导向型或者产出导向型。Chambers 等人（1996）发展了一种比 Malmquist-Luenberger 指数更加一般化的生产率测度方法，即 Luenberger 指数法。下面笔者将按照构造环境技术、引入方向性距离函数、分解 Luenberger 指数的顺序对该方法做一个简单的介绍。

7.1.1 环境技术

我们假设某个 DMU 使用投入向量 $x \in \mathbf{R}_{+}^{N}$，可以生产好产出向量 $y \in \mathbf{R}_{+}^{N}$ 以及坏产出向量 $b \in \mathbf{R}_{+}^{I}$。令 $P(x)$ 为给定投入向量 x 下的产出可能性集合，则产出技术可以通过产出集合被描述为：

$$P(x) = \{(y,\ b) \mid x \text{ 可以生产} (y,\ b)\},\ x \in \mathbf{R}_{+}^{N} \tag{7.1}$$

为了解决联合生产问题，一个定义良好的环境技术需要同时满足以下这些基本假设：

(1)好产出和坏产出零结合(Null-Joint)，即当坏产出为零时好产出必然也为零，表明如果存在好产出则必然会伴随坏产出，该假设可以表示为：当 $(y,\ b) \in P(x)$时，如果有 $b=0$，则有 $y=0$，该假设保证了生产可能性边界过原点。

(2)投入和好产出是强可处置的(Freely/Strong Disposable)，即 $x_1 \geqslant x_2$，且 $P(x_1) \supseteq P(x_2)$ 时，若 $(y_1, b) \in P(x)$，且 $y_1 \geqslant y_2$，则有 $(y_2, b) \in P(x)$。

(3) 坏产出是弱可处置的（Weakly Disposable），即当 $(y,b) \in P(x)$ 且 $\theta \in [0, 1]$ 成立，那么就有 $(\theta y, \theta b) \in P(x)$。这一假设表明减少坏产出是有代价的，会使得好产出也同时减少，这保证了生产可能性边界的凸性。

参考 Färe 等人（2007）的研究，可以对满足上述条件的 DEA 模型设定如下。假定 K 个 DMU 在时期 $t=1, \cdots, T$ 中的投入产出向量为 $(x^{k,t}, y^{k,t}, b^{k,t})$。利用这些数据，我们可以构造一个满足以上三个条件以及式（7.1）的产出集合：

$$
\begin{aligned}
P^t(x^t) = \{(y^t,\ b^t):\ & \sum_{k=1}^{K} z_k^t y_{mk}^t \geqslant y_m^t,\ m=1, \cdots, M \\
& \sum_{k=1}^{K} z_k^t b_{ik}^t = b_{ik}^t,\ i=1, \cdots, I \\
& \sum_{k=1}^{K} z_k^t x_{nk}^t \leqslant x_n^t,\ n=1, \cdots, N \\
& z_k^t \geqslant 0,\ k=1, \cdots, K\}
\end{aligned}
\tag{7.2}
$$

在上述约束中，z_k^t 是为了构造生产可能性边界而对各个观测值设置的权重变量，而对于好产出的不等式约束及对于坏产出的等式约束则分别表达了好产出的强可处置和坏产出的弱可处置。式（7.2）中对于投入变量的不等式约束表达了这些变量是强可处置的，如果 $x \geqslant x'$，则 $P(x) \supseteq P(x')$，意味着当投入增加时产出是非减的。非负的权重变量 $z_k^t (k = 1, \cdots, K)$ 表明生产技术展现出规模报酬不变的特性，即 $P(\lambda x) = \lambda P(x), \lambda > 0$。如果引入约束条件 $\sum_{k=1}^{K} z_k^t = 1$，则生产技术表现出规模报酬可变的特性。

为了包含产出零结合的特征，需要在上述 DEA 模型中加入两个限制条件：

$$
\sum_{k=1}^{K} b_{ik}^t > 0, k=1, \cdots, K;\ \sum_{k=1}^{I} b_{ik}^t > 0, i=1, \cdots, I
$$

这两个条件表明每一个坏产出均被某个决策单元 k 生产，且每一个决策单元 k 至少产生一种坏产出（有多种坏产出时）。

7.1.2 方向性距离函数

与传统的 Shephard 产出距离函数不同，方向性距离函数允许在增加好产出的同时减少坏产出。如图7.1所示Shephard距离函数测量的是观测点A向点C扩张时放大的倍数，此时坏产出与好产出都会增加，而方向性距离函数在观测点A向点B移动，在好产出增加的同时减少了坏产出的形成，其具体形式为：

$$\vec{D}_0(x,\ y,\ b;\ g)=\sup\{\beta:\ (y,\ b)+\beta g\in P\ (x)\} \tag{7.3}$$

g是产出扩张的方向向量，参考Chung等人（1997）的研究，方向向量被定义为$g=(y,\ -b)$，表明好产出是增加的而坏产出是减少的。方向性距离函数表示在既定的投入向量x下，沿着方向向量g，产出向量（y，b）所能够扩张的最大倍数β。其值越小则表明观测值越接近生产前沿面，等于零表明决策单元位于生产前沿面上，是完全有效率的。

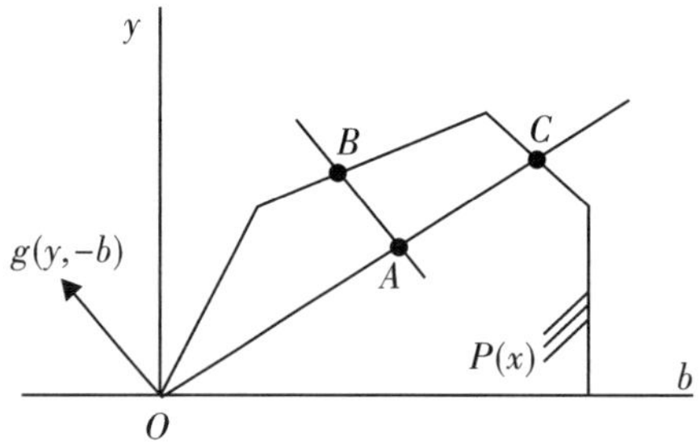

图7.1　Stephard产出距离函数及方向性距离函数

7.1.3　Luenberger指数及分解

在上述环境效率生产可能集设定下，结合方向性距离函数，Chambers等人（1996）定义了从t期到$t+1$期的Luenberger指数：

$$\begin{aligned}LTFP_t^{t+1}=\frac{1}{2}\{&[D_C^t(x^t,y^t,b^t;g)-D_C^t(x^{t+1},y^{t+1},b^{t+1};g)]\\&+[D_C^{t+1}(x^t,y^t,b^t;g)-D_C^{t+1}(x^{t+1},y^{t+1},b^{t+1};g)]\}\end{aligned}$$

对于生产率指数的分解，目前主要有两种思路：① Färe等人（1994）在规模报酬不变的假设下将全要素生产率分解为技术进步、纯效率变化及规模效率变化；②Ray和Desli（1997）在规模报酬可变的假设下同样将全要素生产率分解为技术进步、纯效率变化及规模效率变化。这两种分解除纯效率变化外，其他部分都不相同。根据 Grosskopf（2003）及王兵、朱宁（2011）的建议，将上述两种思路综合到一个分析框架中，进而将 Luenberger 指数分解为纯效率变化（LPEC）、纯技术进步（LPTP）、规模效率变化（LSEC）以及技术规模变化（LTPSC）。

$$
\begin{aligned}
LTFP &= LPEC + LPTP + LSEC + LTPSC \\
LPEC_t^{t+1} &= D_V^t(x^t, y^t, b^t; g) - D_V^{t+1}(x^{t+1}, y^{t+1}, b^{t+1}; g) \\
LPTP_t^{t+1} &= \frac{1}{2}\{[D_V^t(x^t, y^t, b^t; g) - D_V^t(x^{t+1}, y^{t+1}, b^{t+1}; g)] \\
&\quad + [D_V^{t+1}(x^t, y^t, b^t; g) - D_V^{t+1}(x^{t+1}, y^{t+1}, b^{t+1}; g)]\} \\
LSEC_t^{t+1} &= [D_C^t(x^t, y^t, b^t; g) - D_V^t(x^{t+1}, y^{t+1}, b^{t+1}; g)] \\
&\quad + [D_C^{t+1}(x^t, y^t, b^t; g) - D_V^{t+1}(x^{t+1}, y^{t+1}, b^{t+1}; g)] \\
LTPSC_t^{t+1} &= \frac{1}{2}\{[D_C^{t+1}(x^t, y^t, b^t; g) - D_V^{t+1}(x^{t+1}, y^{t+1}, b^{t+1}; g)] \\
&\quad + [D_C^t(x^t, y^t, b^t; g) - D_V^t(x^{t+1}, y^{t+1}, b^{t+1}; g)] \\
&\quad + [(D_C^{t+1}(x^{t+1}, y^{t+1}, b^{t+1}; g) - D_V^{t+1}(x^{t+1}, y^{t+1}, b^{t+1}; g)) \\
&\quad - (D_C^t(x^{t+1}, y^{t+1}, b^{t+1}; g) - D_V^t(x^t, y^t, b^t; g))]\}
\end{aligned}
$$

这里距离函数的下标 V 和 C 分别表示规模报酬可变和规模报酬不变，*LTFP*、*LPEC*、*LPTP*、*LSEC* 以及 *LTPSC* 大于（小于）零分别表明生产率增长（下降）、效率改善（恶化）、技术进步（退步）、规模效率提高（下降）、技术偏离 *CRS*（向 *CRS* 移动）。

7.2 变量选取与数据来源

7.2.1 样本选择

考虑到数据的可得性、可比性等因素，本章选取了到目前为止已经公开上市的16家商业银行2005—2011年的投入、产出数据，并构建面板数据加以分析。其中包括5家国有商业银行（中国工商银行、中国建设银行、中国农业银行、中国银行、交通银行）、8家股份制商业银行（招商银行、兴业银行、中信银行、浦发银行、民生银行、华夏银行、光大银行、深圳发展银行）和3家城市商业银行（北京银行、南京银行和宁波银行）。所选的商业银行从资产规模最大的中国工商银行到小规模的城市商业银行，如宁波银行、南京银行等，囊括了国内大多数较有影响力的商业银行，基本上反映了我国银行业的整体效率水平与管理面貌。

7.2.2 指标选取

从DEA的基本思想可以看出，合理确定投入、产出是效率测度的关键，也是银行效率研究中存在争论最多的一个方面，从现有的文献看，其尚未取得一致的结论。原因主要有银行经营活动的复杂性、产出的不可分性和理论研究的不完善性。实证研究中，目前银行活动的测度方法主要有：生产法、中介法和资产法。Berger等人（1997）认为，生产法在评价金融机构的分支机构效率方面比较好，而中介法更适合评价机构整体，并在评价盈利能力方面更有优势。而本章正是要对各商业银行整体的综合效率进行测算分析。同时，我国目前的企业融资主要还是以银行间接融资方式为主，所以我国商业银行在国民经济中所处的地位决定了考察其综合效率时应该突出其中介功能，故选择中介法。使用该方法，最终将好产出指标确定为利息收入、非利息收入、贷款总额；坏产出指标确定为不良贷款额；投入指标确定为利息支出、营业支出、存款总额。

本章投入、产出指标的所有数据，都是从各商业银行公开发布的年度报表中收集的。由于财务报表编制遵循统一的会计准则，且都需经过社会中介机构审计，因此，各指标在数据口径上具有较强的可比性。由于各商业银行的年度报表涉及“本集团”及“本行”两种口径，考虑到本章旨在衡量商业银行的综合经营效率，且中国建设银行在2008年前只报告本集团的财务状况，为了保持口径的一致性，在分析时对所有商业银行的投入、产出指标取其在“本集团”中报告的数值。

其中：

利息收入＝总生息资产利息收入＝贷款和垫款利息＋债券投资利息＋存放中央银行款项利息＋存放和拆放同业及其他金融机构存款利息（含买入返

售）+金融资产

非利息收入=手续费及佣金收入+投资收益+公允价值变动损益+汇兑损益+其他业务收入

利息支出=总计息负债利息支出=客户存款利息支出+同业及其他金融机构和拆入款项利息支出（含卖出回购金融资产）+发放债券及其他利息支出

营业支出=营业收入-营业利润

对于不良贷款额，我们从各个上市商业银行的财务报表中得到不良贷款比率的数据，然后用不良贷款比率乘以贷款总额得到不良贷款额的数据。

表7.1对2005—2011年各商业银行的投入和产出变量数据特征做了简单的描述，并考察了不同产权性质商业银行之间的差异。表7.1各指标的描述性统计表明，无论是投入指标还是产出指标，国有商业银行的平均值远远大于股份制商业银行与城市商业银行，说明即使在改革后的今天，国有商业银行仍然在我国银行业中占有绝对主导地位；与此同时，国有商业银行的变异系数小于股份制商业银行与城市商业银行，说明国有商业银行的经营体现出更大的稳定性，而股份制商业银行次之，城市商业银行波动最大。国有商业银行的平均不良贷款额达到了1 337.11亿元，远远高于股份制商业银行的82.44亿元和城市商业银行的12.96亿元。从整体来看，我国商业银行的不良贷款规模仍然较大，一个较为有趣的现象是股份制商业银行的不良贷款波动率远小于国有商业银行和城市商业银行，而国有商业银行不仅拥有规模最大的不良贷款额，而且其不良贷款波动率也是最大的。

表7.1　2005—2011年各指标数据统计描述

（单位：亿元）

变量	观测数	均值	标准差	最小值	最大值
国有商业银行（5家）					
利息收入		2 750.05	1 327.44	496.80	5 895.80
非利息收入		423.58	313.21	95.48	1 199.77
贷款总额		34 983.40	17 486.37	7 407.90	75 226.35
不良贷款额	35	1 337.11	1 961.34	179.83	8 062.20
利息支出		1 060.08	486.21	180.89	2 268.16
营业支出		1 112.89	536.23	219.45	2 209.93
存款总额		59 761.09	29 020.46	12 208.39	122 612.20

（续上表）

股份制商业银行（8家）					
利息收入		475.01	287.29	86.64	1 212.45
非利息收入		51.31	49.51	5.10	253.68
贷款总额		6 253.35	3 570.11	1 356.32	15 953.87
不良贷款	56	82.44	47.82	19.16	272.91
利息支出		204.80	126.10	37.70	597.80
营业支出		169.76	105.20	30.14	495.44
存款总额		8 720.06	4 956.28	2 018.16	22 200.60
城市商业银行（3家）					
利息收入		97.23	89.22	12.43	377.66
非利息收入		6.83	5.28	0.18	21.25
贷款总额		1 112.89	1 034.37	191.67	3 939.78
不良贷款	21	12.96	12.55	0.92	49.25
利息支出		41.94	42.94	4.91	189.94
营业支出		28.53	22.71	5.77	93.77
存款总额		1 845.95	1 700.08	358.59	6 142.41

7.3 实证结果分析

7.3.1 商业银行效率比较：坏产出视角

1998 年亚洲金融危机爆发之后，国有商业银行的风险管理引起了广泛关注。而中国商业银行特别是国有商业银行在成立初期就承担了大量的政策性贷款，而这些贷款多数给了经营不佳的国有企业，成为难以收回的不良贷款，导致政府在 1999 年将 1.4 万亿银行不良贷款剥离给信达、华融、东方、长城四家资产管理公司。受 2007 年次贷危机的影响，中国商业银行走上了新一轮信贷扩张的周期，在这个背景下，中国商业银行控制不良贷款的能力是否有所提高，自然成为学者们关注的重点。为了考察不良贷款对商业银行全要素生产率的影响，本章首先使用 Luenberger 指数测算了考虑坏产出（不良贷款）以及不考虑坏产出的情况下，各商业银行的全要素生产率，结果如图 7.2 所示。

从图 7.2 的结果来看，对于大部分商业银行来说，在不考虑不良贷款的情况下其全要素生产率会被高估，且随着时间的推移，这种高估具有进一步扩大的趋势。在五大国有商业银行中，除中国银行以外，其他四家商业银行在不考虑不良贷款的情况时，都具有正的全要素生产率，而一旦考虑不良贷款的影响，其全要素生产率立即出现了下降的趋势。即使是表现相对较好的中国银行，在考虑了不良贷款的情况时，全要素生产率也出现了大幅度下降。这一现象说明，虽然整体上看，国有商业银行的经营效率有所提升，但是拼规模、拉存款、通过利差实现利润的现象并未得到根本改变，且伴随着贷款规模的扩大，国有商业银行对于不良贷款的管理效率开始下降。不考虑不良贷款的影响，就会导致全要素生产率被高估，从而得出我国商业银行全要素生产率进步的结论。在股份制商业银行中，具有类似情况的还有光大银行、华夏银行以及深圳发展银行，作为城市商业银行的北京银行也表现出了相似的情况。也有部分商业银行无论有没考虑不良贷款，其全要素生产率差异并不明显，这类银行主要是股份制商业银行，包括招商银行、中信银行、浦发银行、民生银行以及作为城市商业银行的南京银行。股份制商业银行和城市商业银行机制相对灵活，在扩张规模的同时，也能够对不良贷款的规模加以控制，从而不会因为贷款规模的扩张带来不良贷款的大幅增加。而兴业银行和宁波银行则出现了相反的情况，在考虑了不良贷款的影响以后，其全要素生产率反而提高了，这充分说明了这两家商业银行控制不良贷款的能力较强。从整体来看，不良贷款对国有商业银行全要素生产率影响比较大，对股份制商业银行影响次之，对城市商业银行的影响相对较小。

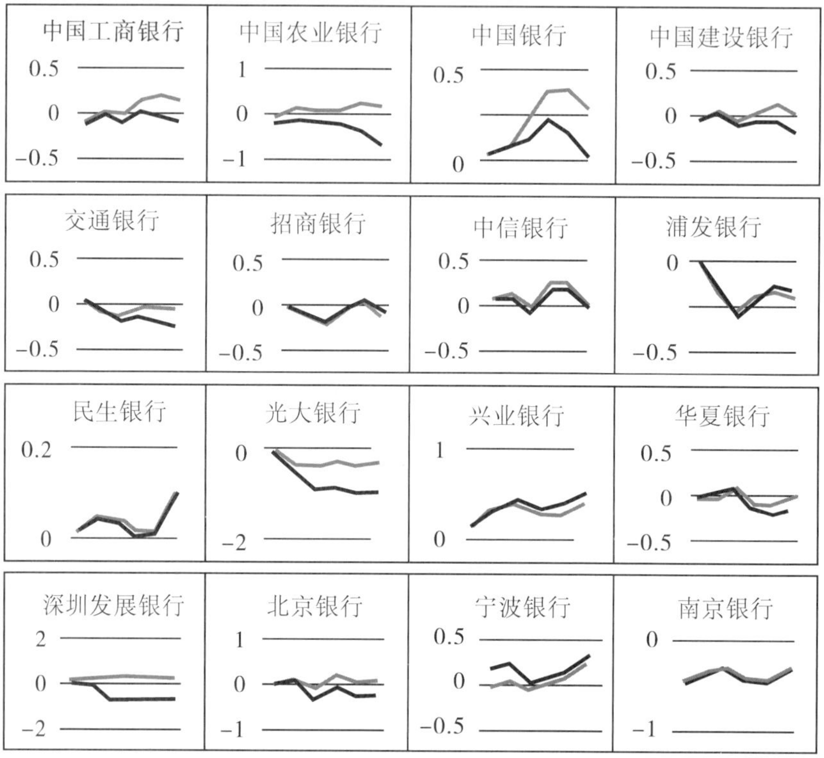

图 7.2　商业银行全要素生产率比较

注：深色线表示考虑不良贷款的 Luenberger 指数，浅色线表示不考虑不良贷款的 Luenberger 指数。

7.3.2　行业层面全要素生产率变化

表 7.2 列示了 2005—2011 年 16 家上市商业银行的全要素生产率及其分解。从结果来看，除 2008—2009 年以外，其余年度各个商业银行的平均全要素生产率指数均为负值，且年均全要素生产率退步达到了 3.00%，7 年间累积退步了 18.01%。这一结果与蔡跃洲等（2009）使用 Malmquist 指数在不考虑不良贷款的影响下测得 2004—2008 年商业银行的年均全要素生产率退步（0.6%）具有较大的差异。表明在考虑不良贷款的影响下，我国商业银行的全要素生产率仍然较低，长期以来靠“吃利差”而获得高额利润的情况可能并没有得到根本性的转变。此外，受次贷危机的冲击，考虑不良贷款约束后的全要素生产率出现了大幅的下降，而样本期内其余年度虽然也有退步，但幅度并不是特别明显。结合蔡跃洲等（2009）的结论，我们发现在出现冲击时，

不良贷款的约束将变得更加重要，否则会出现十分严重的高估。从全要素生产率指数的分解情况来看，主要是纯技术进步的降低导致了全要素生产率的下降。除2008—2009年以外，其余年份都发生了4%以上的退步，退步最为严重的年度甚至达到了8.68%，年平均退步达到了4.21%且累积退步达到了25.27%。而技术规模变化成为推动全要素生产率上升的主要动力，其年均增长率达到了1.14%，累积增长率达到了6.83%。纯效率变化、规模效率变化相对来说对全要素生产率的影响较小，其年均增长率分别为0.05%以及0.02%。

表7.2 2005—2011年银行业平均全要素生产率及其分解

年份	*LTFP*	*LPEC*	*LPTP*	*LSEC*	*LTPSC*
2005—2006	-0.025 6	-0.001 0	-0.042 3	-0.007 2	0.024 9
2006—2007	-0.010 0	0.000 1	-0.053 4	0.001 6	0.041 7
2007—2008	0.132 2	0.003 2	-0.086 8	0.006 6	-0.055 2
2008—2009	0.035 1	0.003 2	0.025 8	-0.003 2	0.011 6
2009—2010	-0.024 5	-0.000 7	-0.047 5	0.002 8	0.020 9
2010—2011	-0.022 9	0.000 7	-0.048 5	0.000 4	0.024 4
平均	-0.030 0	0.000 5	-0.042 1	0.000 2	0.011 4

从全要素生产率及其分解的累积变化来看（如图7.3所示），纯技术进步的变化趋势与全要素生产率的变化趋势基本一致，且自2008年以来一直呈现下降的趋势，并导致全要素生产率进一步恶化。技术规模变化在2008年以后表现出了与全要素生产率截然不同的走势，而纯效率变化、规模效率变化则一直在零附近小幅波动，对全要素生产率的影响并不显著。一个值得引起注意的现象是，在2008—2009年全要素生产率出现了3.51%的逆势增长，这可能是全要素生产率在金融危机时出现13.22%的大幅度骤降后的反弹，也可能是政府在2009年采取宏观审慎政策后收到了成效，但从后期的走势来看似乎更加支持前者的判断。在考虑了不良贷款的约束后，所有上市商业银行的全要素生产率下降明显。这表明不良贷款这一约束是紧的，也即不良贷款已经成为我国上市商业银行全要素生产率提升的“瓶颈”。原因主要来自两个方面：一方面，我国市场化程度仍然不高，关联性贷款的存在推高了不良贷款；另一方面，金融危机的冲击在客观上增加了企业违约的概率，也在客观上推高了不良贷款的产生。

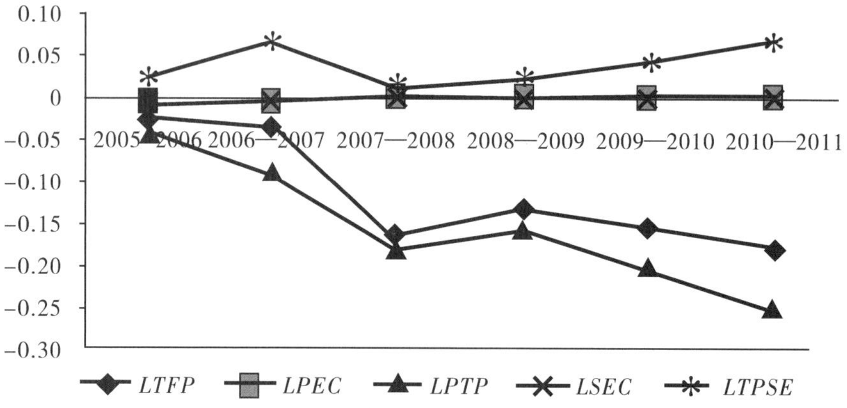

图 7.3 全要素生产率及其分解的累积变化

7.3.3 分组层面全要素生产率变化

已有研究表明，商业银行的产权性质会通过影响商业银行的公司治理，进而影响商业银行的全要素生产率。从理论研究的角度看，集中的股权结构有利于公司治理。该观点以 Shleifer 和 Vishny（1986）的大股东监督论为代表，按照活跃股东监督假设（Active Monitoring Hypothesis），公司大股东有监督和影响管理人员的权利，以保护他们对投资的激励（Friend，Lang，1988），考虑到所持有的大额股份，他们有足够强的实力去严密监督管理层，以防止他们做出对股东财富不利的行为。而在中国，国有商业银行的产权结构虽然较为集中，但往往会因为“产权缺失”问题而导致监督不力，反而使国有商业银行承担更高的风险，主要表现为规模巨大的不良贷款。国内实证研究方面，王聪、谭政勋（2007）认为产权制度是造成我国商业银行 X－效率差异的关键原因。为此，我们将我国上市商业银行分为国有商业银行、股份制商业银行和城市商业银行三组，分别在考虑不良贷款的情况下对全要素生产率变化进行分析。图 7.4 显示了国有商业银行、股份制商业银行以及城市商业银行累积全要素生产率的变化情况，从图中可以看到 2008 年以前，国有商业银行的累积全要素生产率变化比较平稳，但 2008 年以后其累积全要素生产率发生了大幅度下降，3 年间累积下降幅度达到了 18.6%。相对来说，股份制商业银行与城市商业银行的累积全要素生产率变化较为接近，2007—2008 年由于受到金融危机的冲击，其累积全要素生产率出现了大幅下降，随后开始趋于稳定。而在

2009年以后，城市商业银行全要素生产率开始大幅度提高。从整体来看，国有商业银行累积全要素生产率变化趋势与股份制商业银行、城市商业银行存在着较大的差异，股份制商业银行和城市商业银行对冲击的反应速度较快，这充分体现了这两类商业银行机制灵活的特点。而国有商业银行在同样的冲击下，由于机构、规模庞大，反应速度相对于其他类型的商业银行要慢很多，且对冲击的反应时间更加持久。

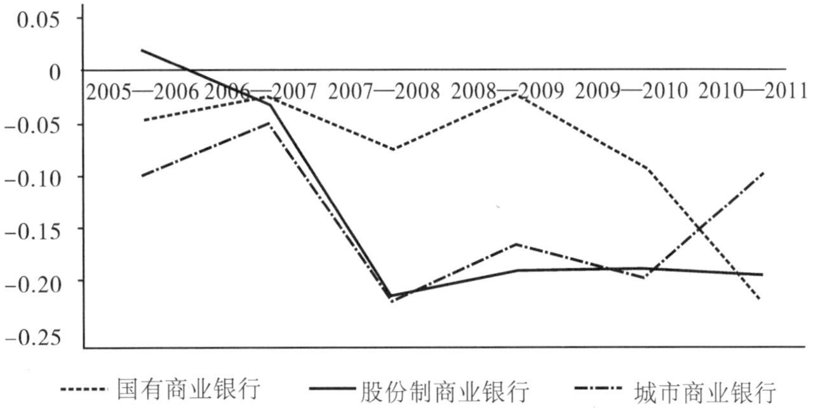

图7.4　三类商业银行累积全要素生产率变化

注：累积全要素生产率指对三类商业银行的全要素生产率取历年平均，再进行累加得到。

具体如表7.3所示，2005—2011年，国有商业银行全要素生产率退步最多，年均退步达到了3.55%，7年间累积退步21.30%；股份制商业银行略好于国有商业银行，全要素生产率年均退步3.19%，累积退步19.20%；相对来说表现最好的城市商业银行的全要素生产率也出现了年均1.62%的退步，累积退步9.69%。

对国有商业银行来说，其全要素生产率的降低主要是由技术规模变化的下降引起的，而其增长的动力主要源自纯技术进步，大规模国有商业银行雄厚的财力使其有能力改进技术和管理，以提升自身的服务水平。同时也可以看到，此类商业银行由于过度追求规模，已经表现出了规模不经济的情况。对股份制商业银行而言，对其全要素生产率变化影响最大的纯技术进步以及技术规模变化都发生了不同程度的下降，这说明股份制商业银行存在着创新不足的问题。城市商业银行全要素生产率变化的情况与国有商业银行相反，其全要素生产率退步的主要原因是纯技术进步的下降，而拉动其全要素生产率上升的主要动力来自技术规模变化的提高。城市商业银行由于规模相对较小，规模经济的优势尚有发挥的空间，同时技术创新的不足也制约了此类商业银行的进一步发展。为剖析不良贷款约束对不同产权性质商业银行全要素生产率的影响，我们将不同产权性质商业银行考虑不良贷款约束前后的全要素生产率进行了对比，结果如表7.3所示。总体来说，考虑不良贷款约束后，各类商业银行的全要素生产率都出现了不同幅度的下降。值得注意的是，国有商业银行和股份制商业银行在不考虑不良贷款约束时，都有正的全要素生产率。平均来说，不考虑不良贷款约束时，国有商业银行全要素生产率高估最为严重，达到了0.055 3；城市商业银行次之，达到了0.033 3；而股份制商业银行高估最少，仅为0.014 1。这再一次表明国有商业银行规模大，对不良贷款管理效率较差；城市商业银行具有区域优势，可以对贷款进行更为有效的管理；股份制商业银行机制灵活，在扩大规模的同时，能够有效控制不良贷款的扩张，从而不良贷款对其的约束最为有限。此外，从表7.3第3行可以看到，国有商业银行作为我国的系统重要性商业银行，在面对冲击时，反应比非系统重要性银行慢，这在危机突然爆发时可以起到一定的缓冲作用，熨平银行业全要素生产率的快速波动，减小冲击对整个经济体的影响。宏观审慎的管理理念在我国商业银行管理中已经得到了初步体现。

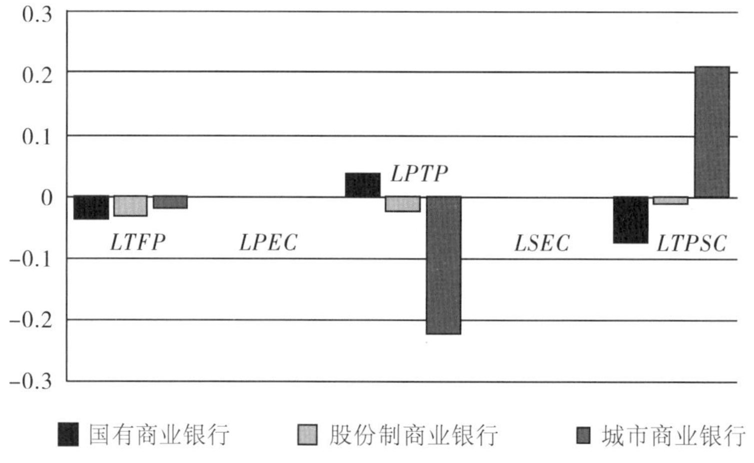

图7.5 三类商业银行年均全要素生产率变化及其分解

注：年均全要素生产率指对三类商业银行取历年平均。

表 7.3 不同产权性质商业银行全要素生产率

年份	国有商业银行		城市商业银行		股份制商业银行	
	含约束	无约束	含约束	无约束	含约束	无约束
2006	-0.047 1	-0.014 8	0.015 4	0.027 3	-0.098 9	-0.185 1
2007	0.019 8	0.053 5	-0.049 9	-0.033 5	0.046 7	0.057 8
2008	-0.046 5	-0.007 2	-0.174 9	-0.007 4	-0.161 3	-0.041 5
2009	0.047 2	0.091 2	0.021 8	0.029 6	0.050 3	0.066 3
2010	-0.063 7	0.058 7	0.002 6	-0.004 2	-0.031 6	-0.012 1
2011	-0.121 6	-0.061 7	-0.006 5	-0.003 7	0.097 9	0.102 3
平均	-0.035 3	0.020 0	-0.031 9	0.001 4	-0.016 2	-0.002 1

7.3.4 个体层面全要素生产率变化

在这一部分，我们将考察 16 家商业银行的全要素生产率及其分解变化情况。如表 7.4 所示，处于“革新者”地位的四家商业银行都具有正的年均全要素生产率。增长最快的是兴业银行，其全要素生产率年均增长达到了 8.69%；排名第二的是宁波银行，其全要素生产率年均增长达到了 4.92%；排名第三是民生银行，其全要素生产率年均增长达到了 1.74%；排名第四是中国银行，其年均全要素生产率增长为 0.64%。而表现最差的三家银行分别是光大银行、深圳发展银行以及中国农业银行，其全要素生产率年均退步分别达到了 16.32%、12.59% 和 10.59%。在这些“革新者”当中，除宁波银行以外，其他银行都具有较高的纯技术进步作为支撑，推动其全要素生产率的提高。在全要素生产率退步的商业银行中，也有几家商业银行拥有正的纯技术进步，但这些商业银行往往具有较低的技术规模变化，其中不乏中国工商银行、中国农业银行、交通银行等大型商业银行。

表 7.4 2005—2011 年各商业银行年均全要素生产率及其分解

银行	*LTFP*	*LPEC*	*LPTP*	*LSEC*	*LTPSC*
北京银行	-0.040 9	0.000 0	-0.058 9	0.000 8	0.017 2
中国工商银行	-0.011 5	0.000 0	0.028 2	0.000 0	-0.039 6
光大银行	-0.163 2	0.000 0	-0.174 9	0.000 0	0.011 7
华夏银行	-0.025 9	0.000 0	-0.025 5	0.000 0	-0.000 4

（续上表）

银行	*LTFP*	*LPEC*	*LPTP*	*LSEC*	*LTPSC*
中国建设银行	-0.025 1	0.000 0	-0.002 4	0.000 0	-0.022 7
交通银行	-0.040 5	0.000 0	0.004 1	0.000 0	-0.044 6
民生银行	0.017 4	0.000 0	0.032 7	0.000 0	-0.015 3
南京银行	-0.056 8	0.000 0	-0.351 6	0.000 0	0.294 8
宁波银行	0.049 2	0.000 0	-0.273 9	0.000 0	0.323 1
中国农业银行	-0.105 9	0.000 0	0.013 8	0.000 0	-0.119 6
浦发银行	-0.029 1	0.000 0	-0.001 6	0.000 0	-0.027 5
深圳发展银行	-0.125 9	0.000 0	-0.156 4	0.000 0	0.030 5
兴业银行	0.086 9	0.000 0	0.125 8	0.000 0	-0.038 9
招商银行	-0.010 5	0.000 0	0.003 4	0.000 0	-0.013 9
中国银行	0.006 4	0.000 0	0.155 4	0.000 0	-0.149 1
中信银行	-0.005 2	0.008 5	0.007 9	0.002 0	-0.023 6
平均	-0.030 0	0.000 5	-0.042 1	0.000 2	0.011 4

7.4 结论与建议

本章通过 Luenberger 指数，测度了中国 16 家上市商业银行 2005—2011 年在考虑不良贷款的情况下全要素生产率的变化情况。研究发现，不考虑不良贷款时的全要素生产率存在高估问题，国有商业银行的高估程度最大；与以往研究不同，中国上市商业银行的年均全要素生产率退步达到了 3.55%，7 年间累积退步了 21.3%，从分解情况来看，主要是纯技术进步水平的降低导致了全要素生产率的下降，而技术规模变化成为推动全要素生产率上升的主要动力。具体到个体，16 家商业银行中只有四家的全要素生产率是正的。从产权性质上看，国有商业银行全要素生产率对冲击的反应较慢，同时，作为系统重要性商业银行，其对减少银行业的全要素生产率波动起到了积极的作用。

综上所述，得出了以下结论：①尽管上市以来我国商业银行的利润可观，但其全要素生产率的提升并不高，考虑不良贷款的全要素生产率更是出现下降趋势，这说明了中国商业银行的问题并没有因为上市而得到很好的解决，反而以一种更加隐蔽的方式呈现出来，这无疑进一步加大了监管与改革的难度；②国有商业银行以其规模性、系统重要性，使其累积全要素生产率优于城市商业银行与股份制商业银行，说明深入挖掘影响全要素生产率的背后因素至关重要。③国有商业银行规模大，对不良贷款管理效率较低；股份制商业银行机制灵活，在扩大规模的同时，能够有效控制不良贷款的扩张；城市商业银行具有区域优势，可以对贷款进行更为有效的管理。如何实现优势互补，意义重大。

8

互联网金融背景下的商业银行全要素生产率

8.1 互联网金融对商业银行的挑战

8.1.1 互联网金融的概述

“中国互联网金融之父”谢平（2012）首次提出“互联网金融”（Internet Finance），他认为，互联网金融带来边界的支付方式、降低了市场信息不对称，供求双方可略过金融中介直接进行交易，在保持现有资源配置效率的前提下降低了交易成本。互联网金融是一种基于互联网技术而实现资金融通、支付和信息中介等业务的新兴金融模式，它的出现使金融市场的融资不再局限于主要依赖资本市场进行直接融资和主要通过银行来实现间接融资这两种方式，且带来了一种全新的融资模式——互联网融资。互联网金融的出现是金融发展的一种必然趋势。通过将互联网所具备的开放、平等、协作、分享的特征与传统金融行业结合，互联网金融具有融资渠道多样化、支付便捷化、交易去中介化的特点，给金融业带来了新的发展机遇，但同时也给传统银行业务带来了诸多挑战。

按金融功能划分，互联网金融包括表 8.1 所示的诸多范畴。其中，第三方支付、P2P 网贷和众筹是互联网金融在我国的三种主要发展模式。

表 8.1 按金融功能划分的互联网金融范畴

<table>
<tr><th>支付</th><th>融资</th><th>投资理财</th><th>风险管理</th><th>其他</th></tr>
<tr><td rowspan="7">第三方支付</td><td colspan="2">P2P 网贷</td><td rowspan="4">互联网保险</td><td rowspan="5">金融产品
搜索引擎</td></tr>
<tr><td colspan="2">众筹</td></tr>
<tr><td colspan="2">网络资产交易平台</td></tr>
<tr><td rowspan="4">网络微贷</td><td>网络基金</td></tr>
<tr><td>网络证券</td><td rowspan="3">大数据征信</td></tr>
<tr><td>金融网销</td><td rowspan="2">其他</td></tr>
<tr><td>财富管理</td></tr>
</table>

8.1.2 我国互联网金融发展现状

根据国家互联网金融风险分析技术平台监测数据，截至2018年3月31日，共收录互联网金融网站49 983家，互联网金融活跃用户达4.14亿人，互联网支付累计约350亿元。互联网金融呈蓬勃发展态势，也在全方位地改变公众的生活方式。

1. 互联网金融的用户数量持续增长

我国互联网用户从2002年的0.59亿增加到2017年的7.72亿，相应的互联网普及率也从4.6%增至55.8%。2007年，手机上网用户仅为0.51亿，而到2017年，该数据增至7.53亿。随着互联网金融的普及，互联网用户早已成为互联网金融的目标客户。1996年，网银兴起，中国银行业协会发布的《2017年中国银行业服务报告》显示，截至2017年底，网上银行交易达1 171.72亿笔，同比增长37.86%；交易金额达1 725.38万亿元，同比增长32.77%。

2. 基于互联网的新金融形式的发展

（1）第三方支付类。

第三方支付是指除交易双方外的第三方通过互联网将消费者、商户与银行相连，为买卖双方提供支付结算服务，第三方支付机构负责信用保障和交易，支付渠道包括线上和线下。如图8.1所示，第三方互联网支付交易规模从2013年第一季度的10 181.30亿元增长到2017年第三季度的近74 000亿元。如图8.2，截至2017年第三季度，我国第三方互联网支付规模排名前三的分别是支付宝、财付通和银联商务。目前，第三方互联网支付的产业链不断完善，促进互联网金融深入发展，对银行的支付结算传统业务造成巨大冲击。

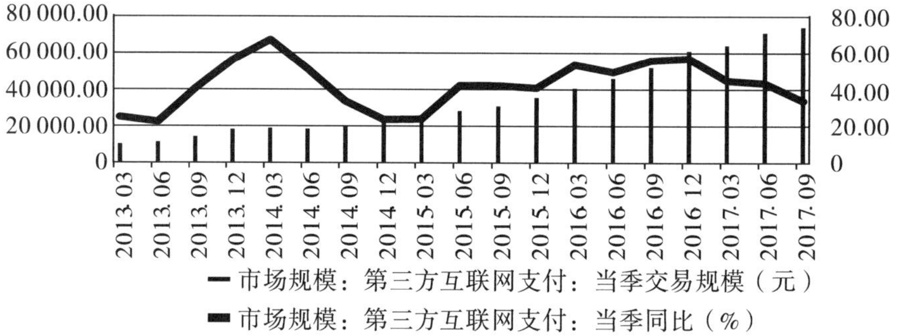

图8.1 2013年第一季度至2017年第三季度我国第三方互联网支付交易规模市场份额

数据来源：艾瑞咨询。

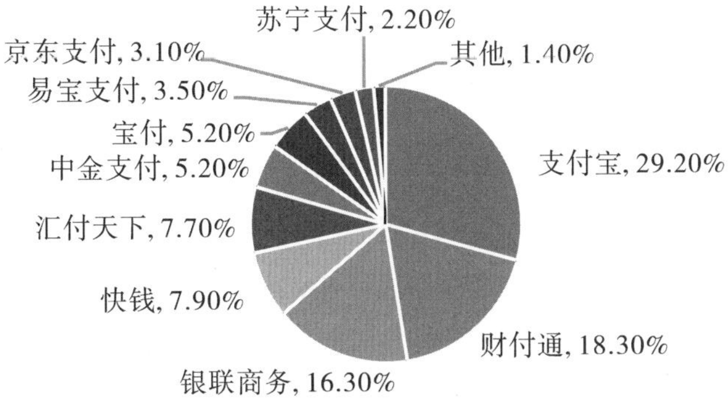

图 8.2　2017 第三季度我国第三方互联网支付市场规模

数据来源：Wind 资讯数据库。

（2）融资平台类。

①P2P 网贷：P2P 贷款是指由第三方（P2P 公司）提供平台，让资金供需双方自由竞价，撮合资金供给方向资金需求方提供小额借贷。其中，资金供给方承担风险并获取利息收益，资金需求方到期还款，P2P 公司收取中介服务费。P2P 网贷的整个业务流程都是依靠互联网实现的，弥补了传统商业银行在应变能力、机制灵活性、服务效率等方面的一些不足，为 P2P 信贷的发展留存了巨大的市场空间。

我国 P2P 网贷起步于 2006 年，易观智库发布的《中国 P2P 网络借贷市场趋势预测报告 2016—2018》数据显示，截至 2015 年底，我国 P2P 网贷市场交易规模达到 8 686.2 亿元，较 2014 年增长 331.6%，而受监管细则出台影响，预计未来几年我国 P2P 网贷市场交易规模增速将放缓，2018 年交易规模将达到 29 432.1 亿元。根据网贷之家的数据，从 2012—2015 年，P2P 网贷平台数从 200 家上升至 3 858 家。表 8.2 所示的是 2012—2015 年我国 P2P 网贷综合统计数据。

表 8.2　2012—2015 年我国 P2P 网贷综合统计数据

时间	成交量（亿）	累计运营平台数（家）	综合利率（%）	当期投资人数（万）	当期借款人数（万）
2012	212.00	200	19.13	5.10	1.90
2013	1 058.00	800	23.05	25.00	15.00
2014 第一季度	363.37	1 023	20.78	55.49	10.82

（续上表）

时间	成交量（亿）	累计运营平台数（家）	综合利率（%）	当期投资人数（万）	当期借款人数（万）
2014 第二季度	483.23	1 184	19.41	85.75	20.44
2014 第三季度	729.20	1 430	17.46	154.74	31.17
2014 第四季度	952.37	1 575	16.26	246.07	46.10
2015 第一季度	1 185.56	2 278	15.02	265.24	53.45
2015 第二季度	1 820.64	2 814	14.17	394.15	83.57
2015 第三季度	2 951.64	3 448	12.63	624.00	155.98
2015 第四季度	3 865.21	3 858	12.45	845.98	208.52

数据来源：网贷之家。

②众筹：众筹融资，指项目发起人通过众筹平台展示其需要融资的项目并向潜在投资人筹集资金，通常包含一定的融资回报。众筹融资包括股权型、权益型、物权型、公益型和综合型五种主要模式。我国的众筹始于2011年7月“点名时间”这一众筹平台的上线，随后行业格局不断壮大和完善。如图8.3和图8.4，我国正常运营的众筹平台数从2011年的3家激增到2016年的532家，物权型平台数量最多，共有155家，占比29.14%；权益型平台149家，占比28.01%。据《2016年中国众筹行业发展年报》，截至2016年底，我国众筹融资额近217.43亿元，约为2015年及之前所有成功项目总融资额111亿元的2倍。

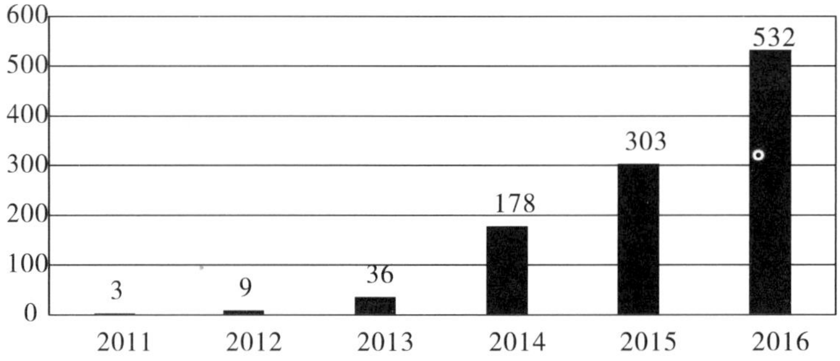

图8.3　我国众筹平台数量

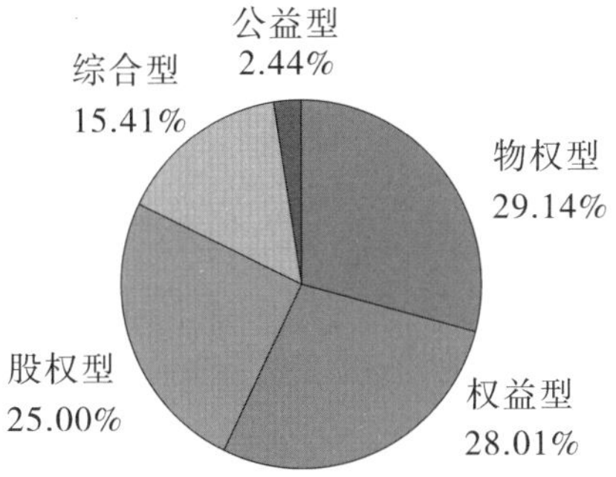

图 8.4　2016 年众筹平台类型

数据来源：众筹家。

（3）风险管理类。

①互联网保险：互联网保险是以互联网为媒介的新兴保险营销模式，指保险公司或新型第三方保险网以互联网和电子商务技术为工具来支持保险销售活动。2011—2014 年，我国互联网保险保费收入规模不断扩大，增速超 170%。2015 年上半年，我国互联网保险保费收入 816 亿元，逼近 2014 年互联网保险全年保费收入，是上年同期的 2.6 倍，对全行业保费增长的贡献率达到 14%。

②大数据征信：金融征信由来已久，并在解决金融交易中信息不对称问题上发挥了重要作用，但传统征信模式依赖线下信贷记录数据积累，线上几乎空白。2015 年 1 月，央行要求包括蚂蚁金融旗下的芝麻信用在内的 8 家民间机构做好个人征信业务的准备工作，意图发展民间征信行业、构建完整信用数据拼图。互联网金融积累了大量商务、媒体、社交等信息，可极大补充我国征信数据库，大数据征信应运而生。大数据征信的优势在于数据积累、数据分析能力和云计算能力，当前我国大数据征信有四种主要发展模式，如表 8.3 所示。

表 8.3　大数据征信发展模式

大数据征信发展模式	特点	典型案例
电商平台征信模式	电商交易数据、物流数据、支付数据积累丰富	芝麻信用、京东金融
社交平台征信模式	海量采集、分析用户社交网络信息	腾讯征信
同业共享征信模式	整合小贷平台、P2P 网贷平台，积累信用数据	上海资信网络金融征信系统
网贷平台征信模式	基于自身平台，自建客户信用档案	宜信、拍拍贷

8.2 互联网金融背景下中国银行业发展现状

第一，银行业市场结构日益丰富，市场化程度提升。中小型商业银行市场份额增加，2016 年第一季度末，城市商业银行和股份制商业银行市场份额分别提高 0.35% 和 0.9%，而大型商业银行总资产占比下降 2.9%。普惠金融进程加速，基础金融服务覆盖率近 95%。

第二，银行业传统盈利模式面临挑战。随着利率市场化与互联网金融发展，银行资金成本上升，存贷利差收窄，盈利能力下降。2015 年，商业银行净息差同比下降 16 个基点，商业银行全年累计实现净利润增速较 2014 年下降了 7.2%，

2015 年人民币存款余额同比增速较上年下降了 4.7%。2016 年第一季度末，商业银行贷款同比增速降至 13.2%，净息差降至 2.35%。

第三，融资渠道多元化，银行传统信贷业务发展受阻。近年来，互联网金融、影子金融、民间借贷等模式兴起，银行贷款在社会融资规模中的占比下降，贷款在银行总资产中的占比也相应下降。据中国人民银行网站统计数据，截至 2016 年底，占市场主体 72.5% 的小微企业在金融机构人民币各项贷款余额中的占比仅为 19.5%，银行在评估客户信用风险方面的高成本使银行错失了部分信用良好的小微企业。

第四，互联网金融的兴起对银行的服务方式形成挑战。①互联网金融不受时空限制，可提供更快捷的支付结算服务，导致近年来银行结算、清算类业务收入减少、占比下降。以支付宝为例，2016 年“双十一”期间的交易额达 1 207亿元，而 2015 年 16 家 A 股上市银行结算、清算类业务收入仅为 876.03 亿元，同比下降 9.8%。②互联网金融凭借网络和信息优势，直接为资金供需双方提供交易平台，不利于银行业务拓展。③用户为王、产品优先的互联网思维给传统银行保守的经营理念带来冲击。传统银行为应对上述经营环境变化，正在积极投入资源，开发多元化金融产品及服务，尤其是手续费及佣金类的产品及服务，以增强自身竞争力，拓宽收入来源。

8.3 互联网金融对中国银行业全要素生产率增长影响的理论分析

8.3.1 互联网金融对银行全要素生产率增长的影响机制分析

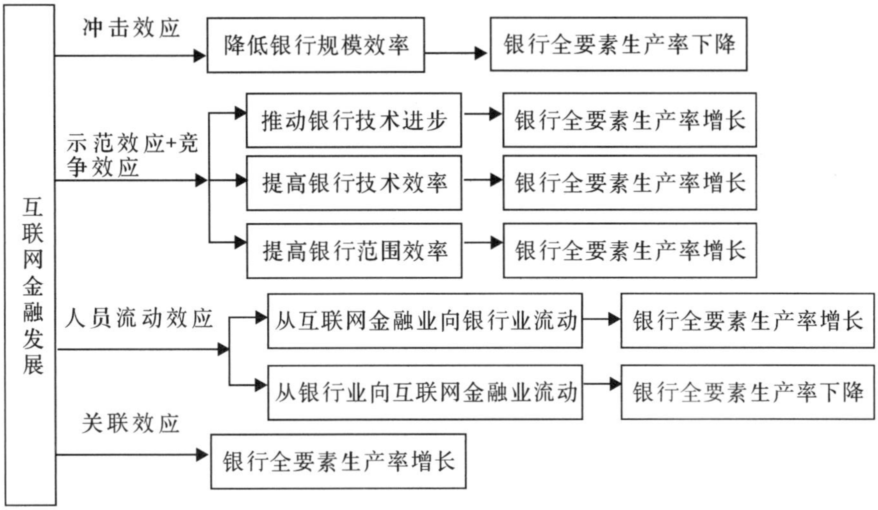

图 8.5 互联网金融对银行全要素生产率增长的影响机制

全要素生产率增长可分解为技术进步、规模效率变化、技术效率变化和范围效率变化，因此互联网金融主要通过图 8.5 中的五种效应影响银行全要素生产率增长。

如图 8.5 所示，从冲击效应来看，互联网金融的出现打破了银行垄断地位。就目前情况来看，互联网金融从支付结算、理财市场和存贷款三方面冲击着银行的业务规模，极大地降低了银行的规模效率，不利于银行在生产前沿面上移动以获得规模经济，进而导致银行全要素生产率下降。

互联网金融对银行的示范效应分为精神示范效应和技术示范效应。一方面，对传统银行来说，最难转变的是思维方式。如表8.4，互联网金融具有平等开放、普惠民主、用户至上、去中心化、大数据、扁平化等优秀精神，相比之下，传统银行趋于封闭保守，在产品设计、用户体验、决策和组织架构上均不及互联网金融。面对互联网金融优秀精神的示范，商业银行开始主动学习借鉴，转变固有不良经营理念，从而更好地进行金融产品创新和金融变革。另一方面，互联网金融的先进技术对商业银行起到示范扩散作用，为银行业务创新提供了学习借鉴的机会，迫使商业银行改变投入产出组合、优化资源配置，以获得技术进步（推动生产前沿面向外移动）。目前互联网金融对银行的技术示范效应主要体现在移动支付、社交网络、搜索引擎、大数据等方面。在互联网金融移动支付的示范作用下，传统银行将网上银行、手机银行进一步融合，并提供短信支付、二维码支付、指纹支付等便捷支付方式。而利用社交网络与搜索引擎提供的多维度数据信息，银行可推动信贷审批向科学化方向发展，有助于信用分析、客户资质评级和违约概率评估。此外，银行还能借助大数据洞察用户消费需求与风险偏好，实现精准营销，优化银行产品与服务。

表8.4　互联网金融与传统银行的对比

互联网金融的精神	互联网金融的优点	传统银行现状	传统银行的缺点
平等开放	用户参与度高	封闭保守	不受用户欢迎
普惠民主	服务小微企业	精英思维	忽略小微企业等长尾用户
用户至上	口碑传播	利润为中心	用户体验差
去中心化	信息对称、直接交易	中心化	信息不对称
大数据	科学数据的指导	经验主义	决策不科学
扁平化	决策高效	金字塔形	决策效率低

在示范效应的基础上，众多互联网金融产品的出现与创新打破了银行业垄断，提升了银行的竞争意识，不断改变银行传统经营策略、促进银行服务和金融产品组合创新，并提高了银行的范围效率（在生产前沿面上移动以获得范围经济）。而竞争效应带来的“追赶效应”迫使银行积极利用互联网进行技术升级，间接提高了银行的技术效率（不断向生产前沿面移动）。具体而言，互联网金融对银行具有四大竞争效应：支付结算竞争、负债业务竞争、资产业务竞争和加速金融脱媒。①第三方支付不仅为个人客户提供生活服务，还为企业提供大额收付款、批量结算等业务，其支付结算功能与银行接近且在支付场景

方面更方便和多元化。高速增长的第三方支付交易额以及互联网企业庞大的用户群体让银行深深感受到了支付领域竞争的压力。②互联网金融对银行负债端主要有两方面影响，一是改变银行存款结构、提高融资成本；二是导致存款和理财资金部分分流，具体的影响方式如表8.5所示。③小微企业融资难的问题由来已久，而P2P网贷恰好满足了小微企业的融资需求，除了P2P网贷，新兴的众筹模式也能让具有技术和创意的小微企业获得资金援助，这些都对银行贷款业务具有潜在威胁。④借助P2P网贷、众筹等方式，互联网金融企业直接与客户建立联系，一定程度上承担了银行的金融中介作用，加速了银行业金融脱媒和去中介化。

表8.5　互联网金融对银行负债的影响

互联网金融	存款、理财	具体的影响方式
第三方支付	个人活期存款	个人活期存款外流，转变为第三方支付客户备付金，间接提高银行融资成本
网络理财	定期存款、理财资金	以P2P网贷为主，少量分流银行的定期存款和理财资金
定期存款、理财资金	定期存款、理财资金	部分高风险客户选择在网上购买理财产品
第三方理财	活期和定期存款、理财资金	增多活期存款和少量定期存款；通过银行间拆借流回银行，提高银行成本

互联网金融的人员流动效应表现为正、反两面影响：一方面，互联网金融从业人员作为技术载体，其向银行业流动能提高银行从业人员的整体素质与技术水平，从而推动银行全要素生产率增长；另一方面，若高效率的银行从业人员投身互联网行业，则会导致银行全要素生产率下降，带来负面影响。

关联效应分为前向关联和后向关联。前向关联是指银行通过为第三方支付机构和网贷平台等互联网金融企业提供资金存管、清算等基于合作的产业关联。后向关联是指互联网金融企业与银行合作，为银行提供流量导入、大数据支持等。在前向和后向关联中，不仅银行能够吸收互联网金融企业的技术、海量客户和大数据支持，而且双方通过合作能实现优势互补和客户资源共享，进而助推银行全要素生产率增长。

8.3.2 我国银行业全要素生产率增长的实证分析

1. 样本、变量选择与统计描述

表 8.6 2009—2015 年各指标数据的统计描述

（单位：百万元）

		利息收入	非利息收入	贷款总额	利息支出	营业支出	存款总额
全国	平均值	39 678.86	6 206.51	500 074.43	18 660.03	14 226.31	625 781.31
	标准差	114 919.53	21 988.58	1 538 623.11	52 667.23	43 109.41	2 082 878.79
	最大值	871 779.00	208 059.00	11 933 466.00	503 286.00	338 112.00	16 281 939.00
政策性银行	平均值	225 144.27	26 091.73	3 781 226.42	143 702.89	68 386.04	1 968 403.71
	标准差	202 437.91	41 679.59	2 756 128.87	126 614.56	68 194.73	3 959 614.30
	最大值	721 439.00	128 934.00	8 865 360.00	503 286.00	234 993.00	13 642 910.00
国有商业银行	平均值	489 528.74	93 971.29	6 513 450.97	202 333.51	186 088.54	9 573 833.11
	标准差	207 997.64	47 382.02	2 627 654.14	86 794.29	78 961.15	3 779 776.47
	最大值	871 779.00	208 059.00	11 933 466.00	363 912.00	338 112.00	16 281 939.00
股份制商业银行	平均值	90 861.32	13 957.01	962 259.72	45 963.62	30 893.74	1 329 953.32
	标准差	67 067.02	15 045.89	684 726.43	34 793.80	26 109.21	910 165.11
	最大值	255 972.00	69 121.00	2 824 286.00	136 138.00	127 223.00	3 571 698.00
城市商业银行	平均值	7 608.23	662.95	60 812.52	3 230.03	2 514.36	98 422.02
	标准差	27 092.16	1 010.33	88 967.04	5 210.38	9 872.50	130 508.68
	最大值	578 821.00	8 764.00	747 917.00	43 327.00	215 515.00	1 022 300.00
农村商业银行	平均值	7 120.22	804.54	74 476.48	3 156.77	2 623.63	122 610.13
	标准差	7 890.31	1 127.99	75 682.30	3 754.56	2 516.95	132 242.93
	最大值	35 199.20	4 847.24	298 591.77	15 032.72	9 818.48	470 228.19
外资银行	平均值	2 669.65	498.34	29 569.48	926.73	2 902.64	38 475.29
	中位数	1 367.30	158.36	14 916.64	569.87	503.64	19 817.07
	标准差	8 546.24	756.73	38 948.39	921.34	20 233.84	48 043.02
	最大值	81 776.82	3 292.12	215 967.14	4 113.14	193 626.25	274 131.67

（续上表）

		利息收入	非利息收入	贷款总额	利息支出	营业支出	存款总额
东部地区	平均值	51 804.14	8 179.88	660 587.46	24 385.81	18 276.36	818 950.77
	标准差	131 491.87	25 272.27	1 761 511.38	60 199.45	48 743.77	2 392 457.30
	最大值	871 779.00	208 059.00	11 933 466.00	503 286.00	338 112.00	16 281 939.00
中部地区	平均值	5 622.17	786.34	47 472.08	2 640.19	2 018.24	833 433.63
	标准差	5 310.04	882.23	43 632.12	2 817.28	2 116.37	65 951.10
	最大值	28 941.26	4 066.23	243 434.00	14 098.11	17 003.00	359 224.56
西部地区	平均值	4 996.11	385.52	42 223.54	2 237.24	3 243.04	73 092.86
	标准差	5 777.77	415.13	44 778.77	2 595.22	19 125.93	76 633.67
	最大值	35 199.20	1 916.18	257 540.91	15 032.72	215 515.00	470 228.19

注：数据来自银行年报和 Wind 咨讯数据库，并由笔者整理得到。

在相关研究的基础上，考虑到样本数据的可得性、可靠性和可比性，本章将使用大样本数据（全国各地共 119 家银行）和较长时间序列（2009—2015 年共 7 年）的平衡面板数据。数据主要来源于银行年报，个别缺失数据来自 Wind 咨讯数据库。此外，由于考察的是银行业的整体情况，对于部分银行年报涉及“本集团”及“本行”两种编制方式的情况，以“本集团”数值为准。样本银行来自各区域，具有代表性，皆发展时间长、规模健全、资产雄厚，故囊括了我国银行业的整体水平。因中介法更适合测度整体效率和盈利能力，且所需变量数据易得，因此，本章使用中介法，选取的变量为利息支出、存款总额、营业支出、利息收入、贷款总额和非利息收入。其中，前三个变量为投入变量，后三个变量为产出变量。

表 8.6 对选用的变量数据做了简单的统计描述，并考察了不同类型银行和不同地区银行之间的差别。结果表明，从分类来看，国有商业银行各变量的最大值和标准差都占据首位，这说明在银行业竞争激烈的今天，国有商业银行仍然是我国银行体系发展的中坚力量并处主导地位。从地区层面来看，东部地区银行各变量在最大值和标准差上也处于领先地位，这也与我国经济发展现状相吻合。与此同时，国有商业银行和东部地区银行的高标准差也说明其整体经营风险高，存在较大波动性或经济不稳定性。

2. 变量选取与模型建立

根据影响机制分析，互联网金融通过五种不同的效应影响银行的技术进步、规模效率变化、技术效率变化和范围效率变化，进而影响银行的全要素生产率变化。在理论分析的基础上，本章从实证角度论证目前互联网金融对我国银行业全要素生产率增长的实际影响。

我国互联网金融以第三方支付、P2P 网贷和众筹为主要模式。其中第三方支付业务量占互联网金融的60%以上，截至 2015 年底高达 31.2 万亿元；P2P 网贷则因为小微企业提供贷款而对银行业务造成直接冲击；而众筹起步晚、时间短，对银行业务尚无较大冲击。由于我国互联网金融数据尚无官方定论，从数据的易得性和可靠性角度出发，选取数据规范、发展时间较长的第三方支付和 P2P 网贷来代表互联网金融发展水平，样本期为 2009—2015 年。考虑到本章研究的银行全要素生产率指数是动态变量，故以第三方支付交易规模和 P2P 网贷成交量之和的增速作为互联网金融变量。此外，本章从宏观、微观角度出发，选取对银行影响较大的 GDP、社会固定资产投资、货币供应量、资产市场份额、存贷比、非利息收入占比和自有资产率作为控制变量。其中，第三方支付交易规模数据来自艾瑞咨询，P2P 网贷成交量数据源自前瞻产业研究院，GDP、社会固定资产投资和货币供应量数据来自 Wind 资讯数据库，银行资产、存款、贷款、非利息收入、营业收入和权益数据来自各银行年报。

本章分别以全要素生产率指数、技术进步、技术效率变化、规模效率变化和范围效率变化作为被解释变量，并且从整体、分类、地区三个层面展开研究，故建立如下三类面板数据模型，其中整体层面模型的研究对象为银行业整体，分类层面模型的研究对象为各类型银行，地区层面模型的研究对象为各地区银行。为避免异方差问题，对所有变量取对数。本章的实证部分均运用 Stata 10.0软件进行。

①整体层面模型。

$$\ln Y_{i,t} = \beta_0 + \beta_1 \ln IF_{i,t} + \beta_2 \ln GDP_{i,t} + \beta_3 \ln INV_{i,t} + \beta_4 \ln M2_{i,t} + \beta_5 \ln AMS_{i,t} + \beta_6 \ln LTD_{i,t} + \beta_7 \ln INNO_{i,t} + \beta_8 \ln ETA_{i,t} + \varepsilon_{i,t}$$

其中，Y 代表我国银行业作为一个整体的全要素生产率指数、技术进步、技术效率变化、规模效率变化和范围效率变化，分别用以表示互联网金融对我国银行业的全要素生产率、技术进步、技术效率变化、规模效率变化和范围效率变化的影响，i 代表各样本银行，t 代表年份。

②分类层面模型。

$$\ln Y'_{i,t} = \beta_0 + \beta_1 \ln IF_{i,t} + \beta_2 \ln GDP_{i,t} + \beta_3 \ln INV_{i,t} + \beta_4 \ln M2_{i,t} + \beta_5 \ln AMS_{i,t} +$$

$\beta_6 \ln LTD_{i,t} + \beta_7 \ln INNO_{i,t} + \beta_8 \ln ETA_{i,t} + \varepsilon_{i,t}$

其中，Y'代表各类型银行的全要素生产率指数、技术进步、技术效率变化、规模效率变化和范围效率变化，分别用以表示互联网金融对各类型银行的全要素生产率、技术进步、技术效率变化、规模效率变化和范围效率变化的影响，i 代表各类型银行（包括政策性银行、国有商业银行、股份制商业银行、城市商业银行、农村商业银行和外资银行），t 代表年份。

③地区层面模型。

$$\ln Y''_{i,t} = \beta_0 + \beta_1 \ln IF_{i,t} + \beta_2 \ln GDP_{i,t} + \beta_3 \ln INV_{i,t} + \beta_4 \ln M2_{i,t} + \beta_5 \ln AMS_{i,t} + \beta_6 \ln LTD_{i,t} + \beta_7 \ln INNO_{i,t} + \beta_8 \ln ETA_{i,t} + \varepsilon_{i,t}$$

其中，Y''代表各地区银行的全要素生产率指数、技术进步、技术效率变化、规模效率变化和范围效率变化，分别用以表示互联网金融对各地区银行的全要素生产率、技术进步、技术效率变化、规模效率变化和范围效率变化的影响，i 代表各地区（包括东部、中部和西部）银行，t 代表年份。

3. 互联网金融对我国银行业整体全要素生产率增长的影响

（1）Hausman 检验。

本章采用的是截面远大于时序的短面板数据，此类面板数据由于其特殊性，一般不需要进行平稳性等检验。对于面板数据常用的模型有固定效应模型和随机效应模型，本节首先借助 Stata 10.0，利用 Hausman 检验判定选取固定效应模型还是随机效应模型。若 p 值大于 0.05 则接受选择随机效应的原假设，反之则拒绝。检验结果如表 8.7 所示。

表 8.7　对我国银行业整体的 Hausman 检验结果

检验结果	全要素生产率指数	技术进步	技术效率变化	规模效率变化	范围效率变化
Hausman	12.41	13.31	10.74	5.23	4.79
p 值	0.014 6	0.009 9	0.029 6	0.264 9	0.309 4
固定或随机效应模型	固定	固定	固定	随机	随机

（2）模型回归结果分析。

根据 Hausman 检验的结果，本节进行模型分析，回归结果整理如表 8.8。

表 8.8 互联网金融对我国银行业全要素生产率及其分解的影响

变量	全要素生产率指数	技术进步	技术效率变化	规模效率变化	范围效率变化
ln*IF*	-0.567 2***	-10.809 9***	2.961 6***	-0.007 2	7.270 5***
ln*GDP*	0.235 6*	4.674 8***	-1.239 7***	-0.028 3	-3.164 8***
ln*INV*	-0.139 7***	0.007 9	-0.058 9	-0.025 1*	-0.074 4
ln*M2*	0.405 8**	5.779 1***	-1.597 4***	0.102 1*	-3.881 1***
ln*AMS*	-0.124 7**	-0.133 9*	-0.010 8	-0.006 6***	0.023 9*
ln*LTD*	0.097 0**	-0.216 9***	0.144 0***	0.004 2	0.058 5**
ln*INNO*	0.043 9***	-0.030 0*	0.044 5***	0.001 5	0.017 5
ln*ETA*	-0.122 5**	-0.126 3*	-0.011 1	-0.007 2	0.000 5
C	-0.384 3	12.279 3***	-3.373 3***	0.019 4	-9.180 3***

注：结果根据 Stata 10.0 软件得来。其中，***、**和*分别表示在 1%、5%和 10%的水平下显著。

模型回归结果显示，互联网金融在 1%的显著性水平下对我国银行业整体的全要素生产率增长起到抑制作用，其主要原因在于对技术进步的负面影响，小部分原因来自于其对银行规模效率提升的轻微抑制，此外，互联网金融发展对于技术效率和范围效率提升起到了促进作用。这一实证结论与前文的影响机制分析基本吻合，说明我国银行业一方面由于互联网金融发展的冲击效应而缩减了业务规模，但另一方面又从互联网金融示范效应和竞争效应的综合作用中获得了技术效率和范围效率的提升。需要注意的是，我国银行业未受到互联网金融先进技术的示范扩散作用的积极影响，这表明我国银行业改革的重点应是学习借鉴互联网金融的先进技术、提高自身业务创新能力和优化资源配置。

4. 互联网金融对我国各类型银行全要素生产率增长的影响

（1）Hausman 检验。

按照前文所述的研究思路，先利用 Hausman 检验判定选取固定效应模型还是随机效应模型，检验结果如表 8.9 所示。

表 8.9 对六种类型银行的 Hausman 检验结果

类型	检验结果	全要素生产率指数	技术进步	技术效率变化	规模效率变化	范围效率变化
政策性银行	*Hausman*	1.35	130.86	3.27	0.70	0.35
	p 值	0.508 6	0	0.195 1	0.704 0	0.838 6
	固定或随机效应模型	随机	固定	随机	随机	随机
国有商业银行	*Hausman*	3.42	4.35	3.85	4.74	3.91
	p 值	0.489 4	0.360 6	0.427 4	0.315 2	0.418 3
	固定或随机效应模型	随机	随机	随机	随机	随机
股份制商业银行	*Hausman*	11.99	7.20	3.97	1.20	7.34
	p 值	0.017 4	0.206 2	0.410 5	0.878 3	0.196 8
	固定或随机效应模型	固定	随机	随机	随机	随机
城市商业银行	*Hausman*	7.37	27.93	9.31	3.91	13.00
	p 值	0.288 2	0.000 1	0.156 8	0.689 0	0.043 0
	固定或随机效应模型	随机	固定	随机	随机	固定
农村商业银行	*Hausman*	20.47	0.70	12.53	5.03	0.98
	p 值	0.000 4	0.951 2	0.013 8	0.284 0	0.912 6
	固定或随机效应模型	固定	随机	固定	随机	随机
外资银行	*Hausman*	6.85	5.15	7.69	1.75	5.05
	p 值	0.553 2	0.741 9	0.464 5	0.987 8	0.752 5
	固定或随机效应模型	随机	随机	随机	随机	随机

（2）模型回归结果分析。

根据 Hausman 检验的结果，进行模型分析。通过对比互联网金融对各类型银行的全要素生产率指数及其分解效率的回归结果，可得到以下结论：

单从互联网金融对全要素生产率指数的影响来看，互联网金融对六种类型银行的全要素生产率指数均有不同程度的负面影响，但其中对政策性银行、股份制商业银行、农村商业银行和外资银行的负面影响不显著，而对国有商业银行和城市商业银行却有显著的负面影响。由于互联网金融的各类效应带来的影响很大程度上取决于银行的吸收能力，而吸收能力又受到银行规模、组织结构、先验知识等影响，故有理由相信互联网金融对不同类型银行全要素生产率增长的影响存在差异。其中，互联网金融对国有商业银行全要素生产率增长有着显著的负面影响，一方面原因在于国有商业银行产权不明晰、委托代理链过长、激励机制缺失等客观问题阻碍了其学习借鉴互联网金融的先进技术；另一方面，大型国有商业银行的人事管理僵化，受互联网金融冲击易引发高水平人员流失和阻碍互联网金融人才流入。而城市商业银行由于业务规模小、市场竞争力差等原因，相对来说容易受到来自市场的冲击，导致互联网金融对其全要素生产率增长有显著负面影响。

从互联网金融对各细分效率的影响来看，按不同类型银行的情况来分析，可得到以下几点结论：

①对于政策性银行，由于其与互联网金融在产品、中间业务和服务对象上的交集较少，因此其受互联网金融发展的负面影响不显著。但需要注意的是，政策性银行的技术进步和技术效率提升均受互联网金融发展的负面影响，而其规模效率和范围效率受到来自互联网金融的不显著的正面影响，这表明政策性银行未来的改革方向应是技术进步和技术效率提升。而政策性银行的技术进步和技术效率提升之所以受互联网金融的不利影响，原因在于其特殊性。作为由政府创立参股的银行，政策性银行不以营利为目的，且为配合政府经济政策或意图而专门在特定业务领域内从事政策性融资活动，由于其起步相对较晚，技术基础较弱，自身数据量小，因此资源配置和技术创新能力有所欠缺。

②互联网金融对国有商业银行全要素生产率增长的影响是极其显著的，且其全要素生产率的细分效率均在1%的显著性水平下受到来自互联网金融的冲击。其中，技术效率变化、规模效率变化和范围效率变化受互联网金融显著的正面影响，这在一定程度上减轻了互联网金融对国有商业银行全要素生产率增长的阻碍，但由于互联网金融给国有商业银行带来了严重的技术退步，故最终造成互联网金融对国有商业银行全要素生产率增长的负面影响。互联网金融对国有商业银行全要素生产率的细分效率的影响不一，原因在于：首先，大型国有商业银行往往依赖国家救助而不是技术创新和管理改革，且其庞大的规模与复杂的体系造成应对决策及其执行的滞后性，故无法及时吸收互联网金融先进技术的示范效应且缺少竞争追赶意识，造成严重的技术退步；其次，国有商业

银行由于其发展时间长，在服务和产品创新方面拥有良好的群众基础和改革经验，易于吸收来自互联网金融的竞争效应，因此其技术效率变化和范围效率变化反而受互联网金融的正面影响；最后，业务规模的稳定性可减少互联网金融的冲击，而国有商业银行具有体量大、一定的市场垄断、政府政策支持等优势，其经营规模不易受互联网金融影响，因此未受到互联网金融对规模效率变化的不良冲击效应作用。综上所述，国有商业银行未来的改革重点也应放在实现技术进步上。

③互联网金融对股份制商业银行的技术效率、规模效率、范围效率的提升均有显著的促进作用，但其不利于技术进步，最终导致互联网金融对股份制商业银行的全要素生产率增长有轻微的不利影响。造成这些不同影响的原因在于，股份制商业银行具有产权清晰、制度完善、利润目标硬化等特点以及业务能力强、客户稳定性高等优势，这些有助于促进其对互联网金融的创新学习与技术吸收，能提高技术效率和范围效率，且不容易受互联网金融的冲击效应影响而降低规模效率。但是明显的技术退步情况说明，股份制商业银行还未完全吸收互联网金融先进技术的示范效应，在改善投入产出组合、优化资源配置方面未见成效，因此股份制商业银行未来的发展方向应侧重于推动生产前沿面向外移动、获得技术进步。

④受互联网金融影响，城市商业银行存在严重的技术退步和轻微的规模不经济，但通过互联网金融带来的技术效率和范围效率提升，可减轻互联网金融对城市商业银行全要素生产率增长的负面影响。究其原因，首先，城市商业银行规模小、竞争力弱，易受到互联网金融冲击效应的不利影响，降低了规模效率；其次，城市商业银行依托地缘优势和集中的客户资源，信息传递、反应、决策、执行迅速，并且其在小微金融领域业绩突出，因此能较快地吸收消化互联网金融技术溢出的竞争效应，有助于推动技术效率和范围效率提升；最后，虽然互联网金融推动城市商业银行的技术效率提升，但结合前文的分析，城市商业银行目前的全要素生产率增长仅依靠技术进步，这种畸形发展的态势易导致城市商业银行在互联网金融来势汹汹的冲击下出现技术退步。

⑤对于农村商业银行，互联网金融带来了技术退步和规模效率降低，但通过互联网金融带来的技术效率和范围效率提升，可减轻互联网金融对农村商业银行全要素生产率增长的负面影响。究其原因，一方面，农村商业银行拥有网点数量多、客户黏度高、品牌影响力大等优势，易于学习借鉴互联网金融的先进技术和产品创新以达到技术效率和范围效率提升的目的；另一方面，农村商业银行受人才、科技、组织架构等因素制约，缺乏利用互联网金融先进技术的技术基础，在优化资源配置、推动生产前沿面向外移动、获取技术进步方面毫

无优势，因此受互联网金融影响导致技术退步。此外，农村商业银行营业网点虽多却分散，规模优势不集中，规模效率极易受互联网金融冲击的不利影响。

⑥对于外资银行，互联网金融带来了技术效率和范围效率提升，但也给技术进步和规模效率提升造成了阻碍。究其原因，一方面，外资银行运作更专业，拥有先进的经营理念、专业的风控管理能力、个性化的服务和产品、灵活多变的经营策略，因此能迅速针对互联网金融调整市场策略，吸收互联网金融先进技术、提升技术效率和范围效率；另一方面，相比本土银行，外资银行存在门槛高、网点少、规模小等问题，因此规模效率受互联网金融冲击而降低。再者，外资银行自身技术水平相对较高，缺乏技术进步的激励，面对互联网金融先进技术的冲击，外资银行易出现相对技术倒退的困境，这也是未来外资银行改革的一个重点。

不同经济发展水平下，互联网金融对银行的影响不同。通过对比互联网金融对各地区银行的全要素生产率及其分解效率的回归结果，可分析得到以下结论：

（3）单从互联网金融对全要素生产率增长的影响来看，互联网金融对于西部地区银行的负面影响不显著，但在10%的显著性水平下抑制了东、中部地区银行的全要素生产率增长，其原因各不相同：一方面，由于西部地区科技水平相对落后，互联网金融普及率低，因此负面影响不显著；另一方面，东、中部地区的互联网金融发展迅速、普及率高，传统银行因此易受到负面影响。

（4）从互联网金融对各细分效率的影响来看，按不同地区银行的情况来分析，可得到以下几点结论：

①对于东部地区银行，互联网金融显著阻碍了其技术进步，但对其技术效率和范围效率提升有不同程度的正面影响。究其原因，一方面，东部地区凭借资金、人才、技术和风险应对机制等优势，能够尽快采取相应措施以减少互联网金融的负面影响，并且积极吸收互联网金融的先进技术，提升技术效率和范围效率；另一方面，东部地区银行也存在发展时间久、发展模式固化、创新动力不足等问题，在面对互联网金融冲击时，往往达不到最优资源配置甚至造成资源配置失效，出现生产前沿面后移和技术退步的窘境。

②但互联网金融对于中部地区银行全要素生产率的各细分效率的影响均不显著，原因可能在于中部地区的互联网金融发展程度相对不高，且仍以传统银行业发展为主。

③虽然互联网金融对于西部地区银行全要素生产率增长的负面影响不显著，但其对于西部地区银行技术进步和规模效率提升的阻碍仍不容忽视，同时还应看到其对于西部地区银行技术效率和范围效率提升的正面影响。互联网金

融对西部地区银行全要素生产率的细分效率的影响不一，原因在于：一方面，西部地区经济相对落后，西部地区银行在资产质量、专业设备、银行治理、人才等方面处于劣势，故不能及时创新服务和产品以应对互联网金融冲击，此外，西部地区银行规模普遍不大，造成互联网金融对西部地区银行技术进步和规模效率提升的阻碍。另一方面，西部地区银行业不发达，西部欠发达地区还没有普及电脑便迅速进入手机时代，说明互联网金融这一新生事物在西部地区拥有广阔的发展前景。此外，西部地区小企业众多但融资渠道闭塞，这更为互联网金融在西部地区的发展提供了机遇，而互联网金融在西部地区的发展恰好给西部地区银行注入“新鲜血液”，使其有机会学习吸收互联网金融的先进技术、利用互联网进行技术升级和产品创新，取得技术进步和规模效率提升的效果。

通过稳健性检验结果所得回归结果基本一致，替换原核心解释变量后几乎未改变各变量对被解释变量的影响和显著性，模型通过了稳健性检验，原模型具有稳健性，结论具有可靠性。

8.4 结论与建议

本章以我国银行业为研究对象，首先基于 Hicks-Moorsteen TFP 指数法，将全要素生产率进一步分解为技术进步、技术效率变化、规模效率变化和范围效率变化。与此同时，本章重点分析了不同类型银行和不同地区银行在全要素生产率及其分解情况上的差异。

我国银行业整体全要素生产率小幅波动上升。其中，政策性银行全要素生产率增长率最大，其余依次为股份制商业银行、国有商业银行、外资银行和城市商业银行，但农村商业银行全要素生产率下降。从地域因素看，东部地区银行占据绝对优势，西部地区银行受政策扶持也实现了全要素生产率增长，但中部地区银行全要素生产率有所下降。

通过分解全要素生产率，本章发现不管从整体层面、分类层面或地区层面来看，银行全要素生产率增长都仅依赖于技术进步，可见技术进步是目前促进全要素生产率提升的唯一动力来源，而技术效率、规模效率和范围效率下降是银行全要素生产率提升乏力的原因。

本章还考察了互联网金融对我国银行业全要素生产率增长及其分解效率的影响，同样也分析了其对不同类型和不同地区银行影响的差异。研究发现，不管从整体层面、分类层面或地区层面来看，互联网金融对银行全要素生产率增长均有不同程度的负面影响。

从整体层面看，互联网金融虽然推动了我国银行业技术效率和范围效率的提升，但对银行技术和规模效率的阻碍最终导致互联网金融显著的抑制作用。

从分类层面看，互联网金融对政策性银行、股份制商业银行、农村商业银行和外资银行的负面影响不显著，而对国有商业银行和城市商业银行却有显著的负面影响。从互联网金融对银行全要素生产率各细分效率的影响看，造成该结果的原因各有不同：政策性银行的技术进步和技术效率提升受到互联网金融的负面影响；国有商业银行和股份制商业银行仅有技术进步会受到互联网金融的负面影响；而城市商业银行、农村商业银行和外资银行在技术进步和规模效率提升上均受到互联网金融的负面影响。

从地区层面看，互联网金融虽抑制了东、中部地区银行的全要素生产率增长，但对于西部地区银行的负面影响不显著。其中，东部地区银行仅有技术进步受到互联网金融的负面影响，西部地区银行技术进步和规模效率提升均受到互联网金融的阻碍，但互联网金融对中部地区银行全要素生产率的各细分效率的影响却不显著。

基于本章的研究结论，分别为各类型、各地区银行在互联网金融时代的良性发展提供几点建议：

（1）从宏观层面看，针对互联网金融对我国银行业整体全要素生产率增长的不利影响，首先，银行应继续利用互联网金融带来的竞争效应，以实现技术效率和范围效率的提升；其次，银行应转变经营理念，注重客户体验，改变以往只注重业务量规模的偏好，积极挖掘自身优势，提升业务质量，优化业务流程，开辟互联网尚不发达地区的潜在客户，提升规模效率；最后，银行要改变以往粗犷式扩张模式，学会细分市场，在此基础上，注重普惠金融理念，量身打造更多适合中小企业的融资方式，并且可利用大数据和网络技术等先进技术，建立属于自身的借贷平台，以便实现技术进步。为促进技术进步，银行还可积极借助互联网来开展业务创新，加快理财产品转变，退出多种类独特业务，现有的线上融资、电商平台、微信银行、移动金融、社交金融等模式就是很好的尝试。银行甚至还可进行同业、跨业合作，并通过同业合作共享统一的电商平台，或者通过与互联网金融企业跨业合作发挥比较优势。

（2）从分类层面看，为削弱互联网金融对各类银行全要素生产率增长的不同程度的负面影响，各类银行针对自身特性应采取具体措施：

①互联网金融对政策性银行的技术进步和技术效率提升均有负面影响，针对政策性银行在银行业中的特殊性，一方面应顺应互联网金融发展模式，加强顶层信息化体系设计，全面考虑拥抱移动互联网发展策略，建设符合其业务需求的网银体系，并逐步建立数据处理中心，改变数据量小和技术基础较弱的现状；另一方面要注重引进与培养熟悉互联网模式与金融业务的复合型人才，建立属于自己的技术人才队伍。另外，鉴于政策性银行对销售渠道不敏感、业务推广能力弱等特点，要借鉴互联网金融的新媒体渠道优势（淘宝、微博、微信等），重视新型业务推广渠道建设，实现“弯道超车”。

②国有商业银行和股份制商业银行仅在技术进步方面受到互联网金融的负面影响，因此，两者的改革重点都应放在实现技术进步上。

一方面，国有商业银行应深化改革，促进对互联网金融的技术吸收，实施互联网金融战略，坚持技术吸收和自主创新并举；凭借网点、渠道、客户及政策优势，从改善技术和管理水平方面提升竞争力，并且摒弃行政保护和资源垄断，主动求变，增强技术学习和技术创新的内在动力；转变原有人才观和技术观，改善僵化的管理方式和落后的薪酬制度，从而引入互联网金融技术人才，为技术进步奠定人才基础。

另一方面，股份制商业银行应利用产权清晰、制度完善、利润目标硬化、业务能力强、客户稳定性高等优势，加强与互联网行业合作，保障行业间技术溢出通道的畅通，并充分利用移动支付、社交网络、大数据、云计算等技术，不断推动技术进步。

③城市商业银行、农村商业银行和外资银行在技术进步和规模效率提升上均受互联网金融的负面影响。由于各类商业银行在规模、体制、股权结构等方面存在差异，应以自身现实情况为基础，开展具有异质性和兼容性的技术创新和业务创新，推动技术进步和规模效率提升。

首先，城市商业银行应借助信息传递、反应、决策、执行迅速等优点，加快吸收互联网金融的技术溢出，并且依托地缘优势和集中的客户资源，在中小企业服务上做大做精，制定多元化产品结构，提升规模效率。

其次，农村商业银行在银行体系中地位甚微，故必须在细分的市场里寻找自己的发展蓝图，利用网点数量多、客户黏度高、灵活性强等优势，结合线上、线下两个销售渠道，主动扩大营销服务覆盖范围，既维持辖区内原有的“三农”和小微用户的金融业务，又利用互联网金融的机遇迎合普惠金融的需求，发展满足互联网范围内小微客户金融需求的金融业务，往“小而专”方向发展。

最后，外资银行一方面要借助专业的运作、先进的经营理念和灵活多变的经营策略，迅速针对互联网金融调整市场策略，吸收互联网金融先进技术，提高自身技术水平，另一方面应积极扩展在中国的金融服务平台，投放大量资源积极发展互联网金融，抢攻发展迅速的零售银行市场，尤其是针对潜力较高的高端及年轻客户的市场；还可利用其完善的国际网络实施“走出去”战略，通过与跨境电商合作，为在岸客户提供跨境金融服务，增加跨境业务联动，争取更多目标客户群。

（3）从地区层面看，为降低互联网金融对东、中部地区银行全要素生产率增长的不同程度的负面影响，同时避免互联网金融对西部地区银行潜在的负面影响，提出以下几点对策：

①东部地区银行技术进步受互联网金融的显著阻碍，为此，应凭借东部地区的资金、人才、技术、客户资源、大数据平台和风险应对机制等优势，积极吸收互联网金融的先进技术，不断加大科技投入，在强化电子银行的基础上，提高创新能力和科技水平，通过科研合作、自主研发等方式促进技术进步，同时还应通过技术进步和技术创新加强对互联网金融的风险管控。

②中部地区的互联网金融发展程度相对不高，仍以传统银行业为主，导致互联网金融对其全要素生产率各细分效率的影响均不显著。虽然如此，中部地区银行也应看到互联网金融对其整体全要素生产率增长的负面影响，在强化电子银行的基础上，积极介入互联网金融领域，充分利用互联网金融在发展过程中释放出的先进技术和高技术人员，并注重加强与互联网企业合作，实现优势互补。

③互联网金融阻碍了西部地区银行技术进步和规模效率提升，因此西部地区银行应完善银行治理机制，提高中间业务水平，积极进行有针对性的产品服务创新和技术升级，取得技术进步；应充分发挥其了解当地市场的优势，并进行大数据分析，开发互联网欠发达地区的潜在客户，提升规模效率。

9

商业银行效率提升对策及建议

9.1 开展多元化业务和金融创新

9.1.1 探索银行业混业经营模式

混业经营是指金融企业以科学的组织方式在货币和资本市场进行多业务、多品种、多方式的交叉经营和服务的总称。从世界范围来看，金融行业的混业经营是未来的发展趋势。目前我国金融行业的经营模式为分业经营，为适应经济发展形势，国家应适当放宽金融管制，探索银行业的混业经营。银行可以根据自身的基础和能力选择进入适合自身的领域，有条件地将间接融资业务与直接融资业务、银行业务与非银行业务结合，实现业务的多元化，分散业务风险。银行可以通过其他金融产品进行创新，形成银行业内的产品和服务差异化，这在一定程度上降低了市场集中度，同时，混业经营也更易于发挥系统内的协同效应，整合相关领域内的资源，这不仅降低了交易成本，更促进了资源配置效率的提升。

9.1.2 中间业务转型加速推进

对于大型国外银行来说，中间业务已经成为最重要的收入来源。而我国商业银行中间业务的发展仍然稍显不足，推进中间业务加速转型迫在眉睫。

商业银行需要主动发展中间业务，从以下四个方面加快中间业务发展这一转型路径：一是构建中间业务发展的架构层次，稳步推进中间业务的发展战略。二是深入实施差异化的中间业务发展路径，要突出定位差异，充分借鉴国外先进银行的中间业务产品，加快自身特色产品开发步伐。三是通过研发新型金融产品，创新发展复合型金融产品，实现与资本市场的对接，如发展多样化的金融产品交易业务，提升自身交易能力，开展贵金属、衍生品等金融产品的交易业务；抓住资产证券化的机遇，加快贷款周转速度从而盘活存量；积极探索境内外交易业务的模式，连通境内外金融市场，发展中间代理业务。四是积极防范与中间业务相关的风险。要强化中间业务的制度建设，进一步完善各项业务的管理办法、操作流程，坚持中间业务的合法性、合规性，尤其避免由于超前立法进程，与中间业务相关的金融创新致使银行合法权益不被保障的局面。

9.1.3 拓展国际业务范围

随着国际金融市场格局的改变以及金融脱媒的推进，以单一化的信贷业务为主的间接融资已不能够满足客户多样化的融资需求，商业银行应加快发展投资银行业务这类直接融资业务，以达到满足不同客户的多样化需求的目标，从而使商业银行的业务转型朝着银行业务金融化的路径发展。

坚持理念转型为先。商业银行业务转型的第一步是在经营理念上做出改变，推进业务经营转型。首先必须加强对业务经营转型的认识，由“以产品为中心”向“以服务为中心”转变、由“规模扩张型”向“质量效益型”转变。以客户需求为出发点，以提升客户满意度为目标，提供精细化服务和管理，设计满足客户的产品，建立基于客户需求的服务流程，树立长期绩效观，通过为客户实现价值最大化，实现商业银行自身价值最大化。

在发展过程中实现转型目标。商业银行的业务转型不是快速完成的，而是渐进式的。因此，商业银行在推进业务经营转型时必须坚持传统业务与转型业务并重。目前商业银行的传统业务仍是经营收入中占比最大的部分，因此业务转型必须基于传统业务展开，在加快传统业务发展的过程中，稳步推进业务经营转型。否则，忽略商业银行传统经营业务，可能会导致因突进式转型行为而丧失既有的竞争优势。

商业银行经营效率的提升是一个逐渐行进的过程，有必要设置一定的过渡期，为下一步商业银行的发展提供更多信息。通过设置一定的过渡期，为经营机制转型提供缓冲期，并通过试验为下一步转型提供依据。在过渡期，商业银行要建立明确的运营规则、经营目标和运营机制。同时，商业银行要逐步探索自身的可持续发展模式，逐步培育作为市场主体所需的各种要素，在金融资源配置体系中寻找不同于以前依靠利息收入发展的定位。在业务发展过程中，由于市场预期商业银行将转型为更具综合性的银行，商业银行与各利益相关者的关系必然会有一个调适过程，这不仅对商业银行自身，而且对整个金融体系均将带来一定冲击。因此，设置过渡期，需要在实践中不断积累信息，采用需求累增与阶段性突破的方式，为下一步转型路径提供依据。

9.2 商业银行市场结构的改进和优化

9.2.1 完善银行业公司治理结构

目前，我国国有商业银行均完成了股份制改革，但许多问题仍然亟待解决。首先，国有银行在市场配置资源中的自主性仍稍显不足，使得其自身规模庞大但效率低下；其次，股份制银行由于长期处于不平等的竞争环境中，业务结构更加灵活，创新动力更加强劲，国有商业银行则稍显活力不足；最后，国有银行内部本身的人员能力与素质还有待进一步的提升。

因此，推进银行业股权结构的改革，实现银行股权的分散化及股东身份的多元化势在必行。通过规避政府的隐性控制，使商业银行能够真正独立地进行经营和决策，从而提高银行资源的配置和使用效率。具体措施如下：

1. 风险资本比重调整

商业银行盈利能力由其资本运作能力决定。要提高盈利能力，商业银行应先提高资本充足率。资本充足率的提高主要有两种途径，分别是增加资本和降低风险资产比重。商业银行可以通过多渠道筹资增加商业银行资本。一方面，可以多渠道补充银行资本，例如上市的商业银行可以通过增发股票、配股等多种方式增加银行资本；另一方面，严格要求将商业银行的营业税收减免全部用于商业银行资本的补充，从而增加银行资本。商业银行应主动处置不良资产，降低风险资产比重。商业银行可以通过资产重组或者转让等创新方式，将不良资产盘活或者彻底剥离，减少不良资产数量，从而降低风险资产比重。

2. 资本结构优化升级

商业银行应拓宽融资渠道，优化资本结构，降低财务杠杆，加大利润留存比例，减少商业银行面临的经营风险，从而提高盈利能力。在银行业“优步时刻”与国内经济转型的双重压力下，我国商业银行盈利水平大幅下降。随着利率市场化的深入，商业银行不良资产率上涨，不良资产挤压商业银行盈利能力。为改变商业利润持续下滑的现状、增加银行盈利能力，银监会要求商业银行加大利润留存，培育新的利润增长点。加大利润留存要求利润首先要补充核心资本，在补充核心资本的基础上，严格控制商业银行利润分配，审慎制定利润分配政策，合理确定利润留存比率和分红比例，严格控制突击分红和高比例分红。商业银行通过加大利润留存，积极进行业务转型，减少利润分配，从而提高商业银行盈利能力。

3. 强化利息收入占比

这表明利息收入是我国商业银行盈利能力的重要组成部分。提高盈利能力的首要任务，就是保证利息收入的正常增长。因为目前我国银行业大多是贷款业务占主导地位，而中间业务发展不够成熟。在面临转型的过程中，除了加快对中间业务的创新和发展，更应对传统利息收入业务进行强化和拓展，利息收入业务是商业银行最基础也是最核心的业务，是商业银行运营之本和运作基石。因此，重视利息收入，拓宽贷款业务渠道，是在转型的基础上更需夯实的基本业务。

9.2.2 推进中间业务运作模式转型

银行规模越大、国有股占比越高时，越有利于商业银行中间业务的开展和转型的成功。因此在业务转型期间，我国商业银行可适度加大银行规模，充分发挥规模经济效应，在降低成本和费用的同时为中间业务的发展提供助力。同时，引入国有股并增加其比例，可以为我国商业银行带来雄厚的资本和相关政策的支持，为推广和发展中间业务带来便利，并提供更多盈利模式转型空间。具体来说，中间业务创新的出发点在于对产品、服务机制以及风险管理三者的创新，从而实现中间业务盈利能力的提高和对经营风险的分散。

1. 中间业务的经营创新

商业银行中间业务的经营创新满足以金融产品的创新为主、以客户需求为出发点两个要素。中间业务的创新产品的优势在于：一方面，由于中间业务产品具有种类多、覆盖面广的特点，易于在各种细分市场上通过不同产品的优化整合来满足客户多样化的需求；另一方面，中间业务产品经营成本低、发展潜力大，能有效发挥商业银行经营优势。

个人理财业务和投资银行业务是中间业务收入增长最快的领域，另外信用卡消费也越来越普遍。根据商业银行监管的特点和趋势，个人理财业务、投资银行业务和信用卡业务将成为商业银行中间业务发展的方向。基于商业银行在上述业务中发展的现状，提出各项业务的创新发展策略。

（1）商业银行创新个人理财业务的策略。

个人理财业务是指商业银行为个人客户提供的财务分析、资产管理等专业化服务活动。个人理财业务是商业银行推进综合化经营战略的重要载体和提高中间业务收入的重要手段，因而个人理财业务的发展对商业银行改变收入结构是极其重要的。商业银行创新个人理财业务从丰富业务服务内涵、树立个人理财品牌、加强个人理财专业人才培育及优化理财服务流程等方面进行，具体措施如表 9.1 所示①。

表 9.1　个人理财业务策略

创新策略	具体措施
丰富业务服务内涵	帮助客户订制个人理财计划和投资组合等； 提供储蓄、保险、债权、基金、外汇等全方位的理财信息支持； 尝试理财特色服务； 注重对客户特别是高净值客户对理财需求的研究； 创新服务流程
树立个人理财品牌	按贡献度细分客户； 树立品牌，加强对品牌的宣传
加强个人理财专业人才培育	通过内部选拔和外部招聘选择专业人才； 加强对理财师的职业道德和专业素质的培养； 建立以业绩为导向的关系客户经理和理财师绩效考核体系
优化理财服务流程	完善以客户经理为主渠道的高净值客户关系管理模式； 设计以客户为中心的理财业务流程； 构建以业务线条为主导的扁平化管理体系； 整合内部服务资源

（2）商业银行创新投资银行业务的策略。

投资银行业务是指商业银行从事证券承销、兼并收购以及项目融资等相关业务。提高中间业务收入要求商业银行积极拓宽业务范围，在保持发展原有业务的基础上，着眼发展其他相关银行业务。商业银行发展投资银行业务，有助于减少对传统银行业务的依赖，加强自身多元业务经营的竞争力。商业银行创新发展投资银行业务要重视投资银行业务的地位、明确不同层次客户与业务的定位、建立投资银行业务人才培训机制以及切实做好风险防范工作等，具体措

① 邹靖．利率市场化背景下我国商业银行的经营效率研究［D］．大连：东北财经大学，2016.

施如表9.2所示[①]。

表9.2 投资银行业务策略

创新策略	具体措施
重视投资银行业务的地位	在总行层面建立投资银行事业部作为业务运营平台，实行“集中领导、分级管理”的管理模式； 发展与商业银行业务关联性较强的投资银行业务，包括财务顾问、兼并重组、资产证券等； 加强与金融机构如证券、信托等机构的战略联盟
明确不同层次客户与业务的定位	为上游公司客户提供投资银行服务； 为下游个人客户提供各类投资银行产品； 以重点产品及基金管理、财务顾问、杠杆融资和资产证券化等带动其他业务发展
建立投资银行业务人才培养机制	确定分配标准，使人力资源成本与收益相对称，达到业务成本的经济性； 激发投资银行业务人员的积极性与创造性； 吸引掌握现代金融工程技术和具备丰富实践经验、熟悉金融市场的创新型人才
切实做好风险防范工作	建立投资银行业务与其他业务之间的防火墙，从制度上实现业务风险的隔离； 由总行风险管理委员会统一协调传统银行业务风险管理、资本市场业务风险管理以及跨市场交叉风险管理； 遵循标准化、程序化、科学化和市场化的业务操作流程原则，完善内部控制制度； 提高从业人员的职业道德和风险防范意识

2. 中间业务服务机制创新

中间业务创新的另一个重点是服务机制创新。随着信息技术的发展，出现了网上银行、手机银行等新兴科技服务模式，并逐渐取代了传统柜台给顾客提供服务的模式。新型的网上服务模式不受时空限制，服务成本大幅降低。商业银行创新中间业务服务机制，应细分客户群体，对不同层次客户建立差别化服

① 邹靖. 利率市场化背景下我国商业银行的经营效率研究［D］. 大连：东北财经大学，2016.

务渠道，形成营业网点、电子手段和人力资源服务三者合一的服务体系。

（1）细分客户与差别化服务。

差别化服务的重点在于关注客户全方位需求。随着客户为商业银行创造的价值的不断提升，其对于自身的多样化需求以及对商业银行的服务质量都有了更高的期望。因此，商业银行应根据客户对银行的贡献度细分客户群体，对于贡献度高的高端客户建立多层次、全方位的关系，并建立维护这种牢固关系的制度，保持银行长期稳定的收入来源；对于中端客户，应努力提高服务质量，提高其对银行的贡献度。对于客户的服务模式要建立“以客户为中心，以市场为导向”的观念。细分客户群体、提供差别化服务的基础在于满足客户需求，并为其提供中间业务产品，以最大限度地提升经营效益，实现商业银行的良好发展。

（2）服务渠道转型与整合。

过去的柜台服务提供的交易中介功能应进行职能转变，由交易转向营销等功能整合。服务渠道的模式选择影响着客户和商业银行的业务成本，如产品交易成本、人力咨询成本，由此可以看出服务渠道对商业银行的重要性。随着营业网点、电子手段和人力资源服务三者合一的服务体系的建立，银行多种服务渠道不是相互孤立的而是相互补充为客户提供服务。商业银行目前统一的服务模式不仅为客户提供交易的功能，同时集营销、咨询、清算等多种功能于一体，满足客户更多需求。服务渠道是商业银行连接客户与银行的重要途径，通过服务渠道加强与客户的联系，整合服务渠道的多种功能，创新发展服务的机制。

3. 中间业务风险管理创新

中间业务复杂化的特点决定了中间业务风险具有相同的特点。中间业务风险的复杂性是由各类中间业务产品以及不同中间业务产品的风险识别评价机制的较大差异性造成的，并且，中间业务风险不仅指交易风险，也包括法律风险、实施风险等。当中间业务的创新措施无法落实时，其复杂性的存在会使商业银行遭受损失，继而产生中间业务转型风险。为应对中间业务转型过程中可能出现的风险，可以从两个方面入手：一是注重对风险的防范，商业银行在拓展业务的同时关注风险大小，完善内部控制体制；二是在基于对外部监管机构有效监管的前提下，加强商业银行同银监会等外部监管机构合作，营造良好的外部发展环境，引导和规范商业银行中间业务的创新发展。

9.2.3 建立商业银行经营风险防控机制

商业银行效率的高低与银行业市场的发展程度和竞争程度密切相关，创造公平有序的金融市场环境有利于我国商业银行效率的提升。而完善银行业市场结构，建立属于自己的风险防控机制，对于防范金融系统性风险、维护银行业的安全稳定，促进银行效率的稳步提升具有重要意义。

1. 优化资本结构与规模

良好的资本结构和规模是商业银行建立经营风险防控机制的基础。从银行规模、资本充足率以及境外股占比与不良贷款率的相关关系中可以发现，风险评估是建立在银行规模足够大、核心资本足够充足、境外资本足够多这三个条件之上的。因此，商业银行为了加强风险评估能力，需要扩大银行规模，业务需涉及多个行业和地区，平衡可利用资源，分散风险，降低不良贷款率，从而增强风险防范能力。资本充足率越高，其采取风险型信贷政策的可能性越小，则风险防范越有效。同时增强境外资本可以分散宏观经济风险，平衡国内外市场的收益情况，在扩大规模的同时稳固发展，提高风险防范能力。

在资产负债管理方面，商业银行应结合自身资产负债业务发展特点，以经营发展目标和风险偏好为导向，合理匹配资金运用和资金来源，保证流动性安全、维持息差稳定、控制市场风险、提高收益水平。同时，学习国外先进商业银行的方法，结合盈利、成本、客户风险以及市场竞争等诸多因素，建立起适合自身的贷款定价模型，并结合利率市场化趋势，相应调整存贷款 FTP 定价中 FTP 利差的计算基础，进一步完善 FTP 定价机制，做好利率市场化的人才、技术、工具准备。

在成本控制方面，应注重战略导向和效率提升。随着互联网金融的不断兴起，传统的柜台业务操作逐渐被自助柜台、网上银行、手机银行所取代，物理网点固定资产投入大、单体产出低的问题已经被很多银行所认识，商业银行开始从盲目增加网点数量逐渐转向“物理网点 + 电子银行 + 客户经理”三位一体的服务方式，合理评估营业网点的投入产出比非常重要。此外，在人员配置方面，脱胎于国有体系的商业银行往往存在机构臃肿，从事管理工作的人员比重高，而实际创造效益的前台营销团队人员比重低的问题，通过减员增效，调整内部人员结构设置对于提升商业银行经营效率有很大的帮助。

2. 建立协调的产品定价体系

商业银行在面对利率风险时，最重要的一点在于建立以内部转移资金为核心的定价机制。随着我国利率市场化改革的深入，商业银行在拥有利率定价的自主权以后，应首先明确利率定价的影响因素，在科学原则的基础上，建立利率定价模型，完善利率定价机制。

第一，商业银行应考虑整个决策过程中影响利率定价的因素，既要考虑宏观因素，如国家的经济政策、利率管控政策等，同时也要考虑微观因素，如商业银行自身资本规模、市场预期等。

第二，明确利率定价规则以及市场规律。利率市场化后，虽然商业银行拥有自主定价权，但仍需要对定价原则以及规律有清晰的认识。商业银行在明确了影响利率定价的宏观、微观因素后，对相应的影响因素建立风险指标，包括宏观经济运行指标、市场流动性指标等各种变量指标并进行评价，同时还要考虑关于客户违约等其他因素对风险的影响，在遵循成本收益性原则的条件下，根据市场基准利率确定本行利率水平。商业银行在了解一般规律之后还要考虑特殊条件，不同时期的市场结构和趋势对不同的定价规则和行为有着决定性影响，商业银行应立足实际情况，遵循市场规律，尽量减少因定价与风险不匹配所造成的损失。

第三，建立内部分级授权体制。商业银行科学地授权于内部各级机构，使各级商业银行根据本级具体业务产品的盈利能力，在利率浮动范围内，确定匹配的定价原则策略。根据不同客户对银行的贡献度、可能出现的利率风险以及基于运营成本的考虑，在合理的范围内，对不同客户进行差别化利率定价。

协调的产品定价体系有利于对利率风险进行有效管理，在对内确定资金价格以及对外应对市场变化方面都更为灵活，并降低了利率风险。

3. 加强利率风险人才队伍建设

商业银行为应对利率风险，建立了产品定价体系、多层次的利率风险管理机制以及研发创新产品，而这些过程都需要有专业的人才进行设计、实施、掌握，所以，商业银行在应对利率风险时另一个重要措施就是对利率风险人力资源的投入，对利率定价、管理机制的建立，而这些都需要加强人才队伍的建设，这是进行利率风险管理的基础。具备利率风险管理能力的人员不仅能够运用各种管理工具和管理技术控制利率风险，同时还能减少管理工程中的资源浪费、降低成本、增加商业银行收益。因此，商业银行应重视对利率风险专门人才的培养，提高他们的专业能力和专业素质，灵活运用丰富的利率风险管理知识和多样化的利率风险管理工具，最大限度地挖掘人才潜力。另外，商业银行可以通过加强与国际银行业的学术交流、增加高级人才的海外培训机会等开阔专业人才眼界，更好地将国际市场上的经验应用到国内，加快国内市场发展。

同时，对于专业人才的人力资源管理制度也需要同步完善，改革原有人事制度，将岗位职责绩效与个人工资收入匹配，激发人才工作积极性，通过制度改革留住人才，加强利率风险管理事业建设，才能使我国的商业银行在国际市场上保持竞争优势，免遭市场淘汰。

9.3 我国商业银行经营效率提升的配套措施

商业银行的经营效率提升还与其服务模式、管理模式以及竞争战略息息相关。

9.3.1 转变商业银行的服务模式

随着信息技术的发展，银行业的“优步时刻”也已经来临，这对传统商业银行将造成巨大冲击。银行业“优步时刻”的到来，使得移动设备逐渐成为客户与商业银行沟通的主要媒介，银行实体网点面临被淘汰的局面，传统的人工服务逐渐被科技化的金融工具所替代。银行业的“优步时刻”使得花旗银行、德意志银行等海外银行在过去一年中不得不通过关闭营业网点和裁员来减少银行经营亏损。花旗银行预计 2015—2025 年这 10 年间欧美银行将裁员 30%，数量最多达到 170 万人，这意味着科技化的金融工具将成为商业银行未来服务中的主导模式。

在银行业“优步时刻”到来的大背景下，我国银行业经济转型期的压力更加重了新技术对商业银行利润的不利影响。商业银行为避免深陷利润负增长的局面，减缓经济压力对利润的冲击，应吸取海外商业银行发展经验，加快金融科技工具的推广与使用，逐渐调整服务模式中服务人员与技术设备的比例，加快服务模式由人工化向科技化转型。

9.3.2 实现商业银行的集约化管理模式

随着商业银行规模扩张粗放型的转变，商业银行管理模式也将由粗放式管理走向集约化管理。商业银行业务的管理模式应重点关注对客户的管理、对营销职能的管理以及对管理服务的平台建设。

1. 以客户为中心

商业银行管理模式的改变在于以客户、市场为中心，对中间业务实施流程再造。在利率市场化的影响下，商业银行积极寻求发展中间业务，提升中间业务收入比例。商业银行应为对中间业务有需求的客户建立专门的管理机制，通过商业银行各部门的职能合作，建设集各种功能于一体的客户服务平台，加强以客户为中心的“销售+服务”业务新模式，集中对客户进行管理，并在此基础上重组客户资源开发流程产品。

2. 强化营销职能

在商业银行传统的业务模式下，营业部主要作为交易中介的角色存在，利率市场化的到来使得营业部的职能受到冲击。为应对利率市场化，商业银行加快发展中间业务以及个人存贷款业务、理财业务，从而降低对利差收入的依赖。商业银行业务收入结构的改变要求营业部职能由集交易、清算、营销于一体的功能定位向营销、客户服务转变，从而为客户提供综合性和专业化服务。同时，随着网络工具与现代化电子工具的发展，营业部的存在模式也由过去的实体服务网点向实体营业网点与网上交易服务站相结合的模式转变。这种多层次的虚实结合服务网点将取代传统的单纯营业部模式，逐步演化为中间业务营销服务的主要形态。

3. 管理服务平台的建设

以客户为中心以及强化营销职能都离不开商业银行业务管理服务平台的标准化建设。商业银行应整合内部各部门资源，同时降低业务运营管理成本，建设标准化的管理服务平台：整合商业银行的业务资源，搭建业务咨询平台，针对大型企业客户进行专门化的业务咨询和投资理财产品的设计开发；为大型企业客户与零售个人客户建立相匹配的信息管理平台，进而挖掘潜在有价值的客户，提高客户的价值和忠诚度；建立集中交易平台，实现营业部后台操作的标准化。

9.3.3 制定差异化的竞争战略

对同质化的银行市场来说，利率市场化对商业银行的盈利能力造成了冲击，但对于规模不同的商业银行造成的影响程度是不同的。在利率市场化大背景下，商业银行应根据自身经营特点找准市场定位，形成与规模大小相匹配的特色化的经营理念，并以此为基础开发产品、业务，走特色化经营道路，维持在竞争市场上的议价能力。

1. 大型商业银行：综合化、国际化经营

相比中小型商业银行，大型商业银行的优势在于其庞大的规模以及资金实力。我国五大国有商业银行的业务收入远远超过各中小型商业银行。大型商业银行的营业服务网点覆盖面广、拥有丰富的客户资源以及中小型银行不具备的国际化优势，使其能够在规模优势的基础上开发多元化业务模式，实现综合化经营，同时大型商业银行应努力提升国际市场份额，实现国际化经营。

2. 中小型商业银行：打造特色服务、发挥地缘优势

中小型商业银行由于自身规模限制，无法仿照大型商业银行进行综合化尤其是国际化经营，其业务转型应注重打造特色服务，充分利用地缘优势来实现自身发展。中小型商业银行在市场客户定位方面，应避免与大型商业银行正面争夺大型企业客户，而应重点关注中小企业客户以及社区、个人客户，与中小企业形成对口关系，实现双方共同发展的目标；同时，中小型商业银行应立足本地市场，为客户提供本地特色化服务，充分发挥自身经营机制灵活的特点，走一条与本身规模业务相匹配的发展道路。

9.4 完善金融监管体制

金融监督和金融管理共同称为金融监管。金融监管的重点是对商业银行的监管，包括市场的准入程度、流动性管理、风险控制水平以及资本充足率等主要方面。金融监管的主要目的是为了保障我国金融体系的安全，维护金融秩序的稳定，有效防范和及时化解金融风险，从而形成公平竞争的格局，依法维护存款人和贷款人的合法权益。我国对商业银行采取严格的管理政策，虽然在维持社会的稳定、促进经济的快速发展等方面发挥了积极有效的作用，但与发达国家的金融监管体制相比，我国现行的金融监管体制仍存在很多问题。国内外诸多研究表明，若金融监管部门对商业银行进行有效监管，可以使得商业银行业的信任度提高。将商业银行风险降低，有利于银行效率的提高，但监管会在一定程度上限制市场准入和商业银行业务范围的发展，对银行之间的有效竞争起到抑制作用，甚至会引发商业银行的道德风险，使金融创新受到限制，继而降低商业银行的效率。我国目前对商业银行的严格监管，虽然保证了银行体系的稳定，但由于银行审批程序严格，不利于有效竞争格局的形成，进一步促使

我国商业银行的效率受到负面的影响，所以我国要加快完善金融监管体制。完善的金融监管体制，可以有效地防范和化解金融风险，是提高商业银行效率的有力保证。金融监管部门应根据实际情况切实有效地加强金融监管，为提高商业银行效率、促进银行业稳健与安全的发展提供保障。

9.4.1 健全商业银行的法律及法规体系

健全的法律体系无疑是商业银行从事经营活动的重要保障，有助于商业银行的稳健发展。我国只有加快制定和完善相关的法律法规，才能在复杂的市场环境中有效地维护金融秩序、确保公平的竞争，并依法对金融活动中的违法行为进行规范和处罚，从而有助于商业银行业务的广泛开展和稳定发展。

1. 加快完善我国的金融市场

良好的金融市场大环境是进行利率风险管理的基础。与国际市场相比，我国的金融市场发展相对落后，因而我国应加快金融市场的发展。完善我国金融市场可以货币市场、证券市场、金融衍生品市场为出发点。

我国现阶段货币市场存在规模小、参与度低、各市场相互孤立等问题，大力发展货币市场可以通过增加货币市场交易品种、扩大市场参与者的范围、统一各市场支付结算体系等方式实现。证券市场的发展影响着商业银行调整资产负债表结构以及进行资产证券化等决策有效性。通过增加证券市场的产品种类，调整期限结构等手段规范证券市场，能为商业银行提供良好融资市场，进而减少融资利率风险。金融衍生工具能够有效规避、防范商业银行利率风险。大力培育金融衍生品市场要注重金融衍生工具的研发以及市场的有效建立，并以此为基础开发多样化金融衍生品，加快市场发展。

2. 积极发挥商业银行自律组织的作用

利率化市场加剧了银行业竞争，导致外部监管力下降，因而应积极发挥商业银行自律组织的作用。自律组织可以通过建立行业约束机制，加强各银行间的信息交流，从而互相监督，主动维护良好的外部经营管理环境。因而，国家应加强与商业银行自律组织的合作，以使得在支持商业银行发展与加强监管时目的更明确、实施更高效。

9.4.2 完善商业银行的经营管理

国家金融监管部门要完善对商业银行的监管方式。一是对商业银行监管要实现规范性和灵活性相统一。由于不同的商业银行其经营策略和管理方式各不相同，所以在遵循金融监管标准的前提下，商业银行可依据自身的情况进行自我管理，而金融监管部门只需规定明确的目标，不需要规定具体的做法。从我国金融监管的实际情况看，一些相关法律法规和金融监管政策详细规定了许多银行业务的具体操作内容，有些政策标准缺乏灵活性，这样便不利于商业银行进行自我有效的管理。所以，要完善金融监管体制，就要求监管中规范性和灵活性相统一。二是对银行业的监管程度要适中。国内外一些学者的研究结果显示，银行活动受到的监管程度与商业银行的效率和发展是呈负相关的。若监管超过一定的度，便会对商业银行各主体间的有效竞争产生一定的抑制作用，从而对商业银行的效率造成负面影响。所以，金融监管部门对银行业的监管要适度，才能发挥监管的有效性。三是对不同的商业银行，侧重不同的监管方式。金融监管部门在制定监管政策时，要着重分析各种监管政策的适用范围。商业银行所有制形式不同，银行法人治理结构、内部管理、风险管理等也不相同，对于同一监管政策可能产生不同的监管效果。比如我国引入的外资金融机构，都具有较高的风险管理水平和完善的内控制度，所以对其就要求较高层次的监管。又比如股份制商业银行资本具有约束激励的作用，故其所有者能积极主动地规避风险，因此可以采用比较成熟的监管政策对股份制商业银行进行有效的监管。而国有商业银行的资本结构中因国家信誉资本占绝对比重，股权资本失去内在的规避风险动力，所以不适合完全套用市场化成熟的监管政策。我国加快完善中间业务法律法规应从以下方面进行：

第一，保证法律法规的一致。在制定中间业务相关法律法规时，应兼具完整性与具体性，粗略的转型框架不利于商业银行在各转型过程中的具体操作。同时要加大监管部门的监管难度。而只有具体的指导方案则不利于国家在整体层面对商业银行业务转型进行宏观指导与调价。

第二，提高法律法规的质量。制定中间业务法律法规时应遵循科学性原则，保证法律法规的质量。虽然我国目前已取得前述相关政策成果，但法规在一些具体操作方面仍不够明确。例如《商业银行服务价格管理办法》对我国商业服务定价机制虽然起到很大作用，但在具体定价方式上没有做出详细说明。提高法律法规质量，能使商业银行科学、有效地实现业务转型。

第三，完善法律法规的体系。法律法规对商业银行中间业务的指导发展和监督管理要能做到有机统一，并兼顾法律法规不同的职能，形成完整的法律体系。政府通过指引商业银行中间业务有序进行，从而为监管提供有力保障，在指引与监管的完整体系下，为商业银行中间业务发展提供支持。

第四，加大相关政策的宣传指导。我国商业银行中间业务处于起步阶段，在利率市场化改革的背景下，大型商业银行认识到业务转型的重要性，可是许多中小型商业银行仍未认识到中间业务发展才是商业银行持续发展的基础。当商业银行自身无法意识到传统经营模式对自身长久发展的不利影响时，政府应主动指导商业银行转变经营观念。国家政府机构应积极为商业银行提供相应的决策咨询，通过观念自上而下地传递，使国家政府机构与商业银行加深对中间业务转型的理解，从而更好地在业务转型过程中实施合作。

9.4.3 提高应对宏观风险的能力

宏观经济态势和经济发展水平对我国商业银行效率的影响比较密切。因此，要使商业银行保持良好的成本控制能力和持续的利润增长水平，必须积极应对周围宏观经济环境的变化。首先，要提高对宏观经济形势的分析研判能力。商业银行各业务部门和分支机构要加强对宏观经济形势及地方经济政策的分析能力，有效地搜集和分析宏观经济信息，为科学的业务决策提供参考；总行层面应成立专门的经济研究机构，为高层次的决策提供智力支持。其次，提升应对经济政策变动的水平。商业银行应提高应对经济政策变动的反应效率，针对经济形势的变化及时做出业务的调整，合理规避波动风险和损失。

参考文献

[1] AIGNER D, LOVELL C A K & SCHMIDT P. Formulation and estimation of stochastic frontier production function models [J]. Journal of econometrics, 1977 (1).

[2] ALHADEFFD A. Monopoly and competition in commercial banking [M]. California : University of California Press, 1954.

[3] ANDERSEN P, PETERSEN N C. A procedure for ranking efficient units in data envelopment analysis [J]. Management science, 1993 (39).

[4] ANDREWS W H. Random simultaneous equations and the theory of production [J]. Econometrica, 1945, 13 (1).

[5] ASHTON J, BARROW F. Cost efficiency, economies of scale and economies of scope in the British retail banking sector [J]. School of finance and law, 1998 (9813).

[6] ATHANASIOS G, SUBHASH C & STEPHEN M M. Returns to scale and input substitution for large U. S. banks [J]. Journal of money, credit and banking, 1990 (22).

[7] BATTESE G E, COELLI T J. Frontier production functions, technical efficiency and panel data: with application to paddy farmers in India [J]. Journal of productivity analysis, 1992 (3).

[8] BAUMOL W J, PANZAR J C & WILLIG R D. Contestable markets and the theory of industry structure [M]. New York: Harcourt Brace Jovanovich, 1982.

[9] BELL R W & MURPHY N B. Costs in commercial banking: a quantitative analysis of bank behavior and its relation to bank regulation [R] . Research Report No. 41, 1968.

[10] BENSTON G J. Branch banking and economics of scale [J]. Journal of finance, 1965.

[11] BERGER A N, HUMPHREY D B. Bank efficiency derived from the profit function [J]. Journal of banking and finance, 1993 (17).

[12] BERGER A N, HUMPHREY D B. The dominance of inefficiencies over scale and product mix economies in banking [J]. Journal of monetary economics, 1991.

[13] BERGER A N, KASHYAP A K, SCALISE J M, et al. The transformation of the U. S. banking industry: what a long, strange trip it's been [J]. Brookings papers on economic activity, 1995 (2).

[14] BERGER A N, YOUNG D. Technological progress and the graphic of the banking industry [J]. Working paper of the federal reserve, 2002.

[15] BERGER A N, HUMPHREY D B. Efficiency of financial institutions: international survey and directions for future research [J]. European journal of operational research, 1997 (98).

[16] BESTON J A, HANWEEK G A HUMPHREY. Scale of economies in banking: a reconstruction reassessment [J]. Journal of money, credit and banking, 1982 (14).

[17] BLUNDELL R W, BOND S R. GMM estimation with persistent panel data: an application to production functions [J]. Econometric reviews, 2000 (19).

[18] BLUNDELL R W, BOND S R. Initial conditions and moment restrictions in dynamic panel data models [J]. Journal of econometrics, 1998 (87).

[19] CASU B, MOLYNEUX P. A comparative study of efficiency in European banking [J]. Applied economics, 2003.

[20] CHARNES A, COOPER W W & RHODES E. Measuring the efficiency of decision making units [J]. European journal of operational research, 1978, 2 (6).

[21] CHARNES A, COOPER W W. Programming with fractional functionals [J]. Naval research logistics quarterly, 1963 (9).

[22] CLARK J A, SPEAKER P J. Economies of scale and scope in banking: evidence from a generalized translog cost function [J]. Quarterly journal of business and economies, 1994 (33).

[23] DEYOUNG R, FLANNERY M J, LANG W W, et al. The Information Content of bank exam ratings and subordinated debt prices [J]. Journal of money credit & banking, 2001, 33 (4) .

[24] FÄRE, GROSSKOP F. Average products and Malmquist productivity

indexes [R]. Discussion Paper No. 94 - 11, 1994.

[25] FARRELL M J. The measurement of productive efficiency [J]. Journal of the royal statistical society, 1957.

[26] FREI F X, HARKER P T & HUNTER L W. Inside the black-box: what makes a bank efficient [M]. Cambridge: Cambridge University Press, 2000.

[27] FRIED, LOVELL, SCHNMIDT, et al. Accounting for environmental effects and statistical noise in data envelopment analysis [J]. Journal of productivity analysis, 2002 (17).

[28] GARDERSON L. The determinants of nor-bank financial institution efficiency: a stochastic cost frontierapproach [J]. Applied financial economics, 1999.

[29] HUNTER W C S, TIMME G & YANG W K. An examination of cost subadditivity and multiproduct production in large U. S. banks [J]. Journal of money, credit and banking, 1990 (22).

[30] J MAUDOS, J M PASTOR. Cost and profit efficiency in the Spanish banking sector (1985 - 1996): a non - parametric approach [J]. Applied financial economics, 2003, 13 (1).

[31] KUMBHAKAR. Estimation and decomposition of productivity change when production is not efficient: a paneldata approach [J]. Econometric reviews, 2000 (4).

[32] LANG G, WELZEL P. Efficiency and technical progress in banking empirical results for a panel of German cooperative banks [J]. Journal of banking & finance, 1996, 20 (6).

[33] LAWRENCE C. Bank costs, generalized functional forms and estimation of economies of scale and scope [J]. Journal of money, credit and banking, 1989 (21).

[34] LEIBENSTEIN H. Allocative efficiency vs. X-efficiency [J]. American economic review, 1966.

[35] MEEUSEN W, VAN DEN BROECK J. Efficiency estimation from cobb-douglas production functions with composed error [J]. International economic review, 1977 (18).

[36] NOULAS A G, RAY S C, MILLER S M. Returns to scale and input substitution for large U. S. banks [J]. Journal of money credit & banking, 1990, 22 (1).

[37] O'DONNELL, CHRISTOPHER J. An aggregate quantity-price framework

for measuring and decomposing productivity and profitability change [EB/OL]. http://www.uq.edu.au/.

[38] OLLEY G S, PAKES A. The dynamics of productivity in the telecommunications equipment industry [J]. Econometrica, 1996 (64).

[39] PULLEY L B, HUMPHREY D B. The role of fixed costs and cost complementarities in determining scope economies and the cost of narrow banking proposals [J]. Journal of business, 1993, 66 (3).

[40] ROSSI S, SCHWAIGER M S, WINKLER G. Managerial behavior and cost/profit efficiency in the banking sectors of central and eastern European countries [J]. Social science electronic publishing, 2005.

[41] SCHWEIGER I, MEGEE J S. Chicago banking: the structure and performance at banks and related financial institutions in Chicago and other areas [J]. Journal of bussiness, 1961 (7).

[42] SEIFORD L M, THRALL R M. Recent developments in DEA: the mathematical programming approach to frontier analysis [J]. Journal of econometrics, 1990, 46 (1).

[43] SHAFFER S, DAVID E. Economies of superscale in commercial banking [J]. Applied economies, 1991 (23).

[44] TSENG K C. Bank scale and scope economies in California [J]. American business review, 1999 (1).

[45] 蔡跃洲，郭梅军. 我国上市商业银行全要素生产率的实证分析 [J]. 经济研究，2009 (9).

[46] 戴文文，高建福. 中国上市银行效率的实证研究：基于 DEA 三阶段模型分析 [J]. 价值工程，2009 (10).

[47] 方燕，白先华. 中国商业银行经营效率分析：三阶段 DEA 之应用 [J]. 中央财经大学学报，2008 (6).

[48] 高进群. 基于三阶段 DEA 的城市商业银行效率研究 [J]. 合作经济与科技，2010 (8).

[49] 郭妍. 我国商业银行效率决定因素的理论探讨与实证检验 [J]. 金融研究，2005 (2).

[50] 侯瑜，詹明君. 商业银行效率及其影响因素实证研究 [J]. 税务与经济，2012 (1).

[51] 黄宪，余丹，杨柳. 中国商业银行 X 效率研究：基于 DEA 三阶段

模型的实证分析［J］．数量经济技术经济研究，2008（7）．

［52］黄宪，王方宏．中国与德国的国有银行效率差异及其分析［J］．世界经济，2003（2）．

［53］姜永宏，蒋伟杰．不良贷款约束下中国上市商业银行全要素生产率研究：基于 Luenberger 指数的分析［J］．南方经济，2014（4）．

［54］姜永宏，蒋伟杰．中国上市商业银行效率和全要素生产率研究：基于 Hicks-Moorsteen TFP 指数的一个分析框架［J］．中国工业经济，2014（9）．

［55］蒋伟杰，张少华．我国上市商业银行全要素生产率测度与收敛研究［J］．浙江理工大学学报，2013（5）．

［56］阚超，王付彪，沈谦，等．我国商业银行规模经济实证研究（1992—2003）［J］．金融研究，2004（11）．

［57］康立，邓斌．基于三阶段 DEA 模型的我国国有商业银行效率研究［J］．海南金融，2012（9）．

［58］柯孔林，冯宗宪．中国商业银行全要素生产率增长及其收敛性研究：基于 GML 指数的实证分析［J］．金融研究，2013（6）．

［59］柯孔林，冯宗宪．中国银行业全要素生产率测度：基于 Malmquist-Luenberger 指数研究［J］．数量经济技术经济研究，2008（4）．

［60］李金培，吕德宏，黄亦炫．货币政策、风险承担与银行超效率：基于中国商业银行面板数据的实证研究［J］．贵州财经大学学报，2014（6）．

［61］李南成，王蒙．中国商业银行效率差异动因的实证研究［J］．西南金融，2014（8）．

［62］李希义，任若恩．中国股份制商业银行的绩效评价［J］．北京航空航天大学学报（社会科学版），2005（1）．

［63］刘琛，宋蔚兰．基于 SFA 的中国商业银行效率研究［J］．金融研究，2004（6）．

［64］刘孟飞，张晓岚．风险约束下的商业银行效率及其影响因素研究［J］．金融研究，2013（7）．

［65］刘伟，黄桂田．中国银行业改革的侧重点：产权结构还是市场结构［J］．经济研究，2002（8）．

［66］罗登跃．基于 DEA 的商业银行效率实证研究［J］．管理科学，2005（2）．

［67］时旭辉．超产权论及其对我国国有商业银行改革的启示［J］．南方金融，2004（9）．

［68］王兵，朱宁．不良贷款约束下的中国银行业全要素生产率增长研究

[J]. 经济研究，2011 (5).

[69] 王聪，谭政勋. 我国商业银行效率结构研究 [J]. 经济研究，2007 (7).

[70] 王聪，邹朋飞. 中国商业银行规模经济与范围经济的实证分析 [J]. 中国工业经济，2003 (10).

[71] 王聪. 中国商业银行的效率与竞争力 [M]. 北京：中国金融出版社，2009.

[72] 王莉，李勇，王满仓. 中国商业银行SBM效率实证分析：基于修正的三阶段DEA模型 [J]. 上海经济研究，2012 (6).

[73] 吴科霖. 我国商业银行效率研究：基于超效率DEA模型 [J]. 中南财经政法大学学报，2012 (2).

[74] 徐传谌，郑贵廷，齐树天. 我国商业银行规模经济问题与金融改革策略透析 [J]. 经济研究，2002 (10).

[75] 徐春铭，李佳. 我国银行业规模效率的实证分析：基于超对数的方法 [J]. 西南农业大学学报（社会科学版），2007 (2).

[76] 杨大强，张爱武. 1996—2005年中国商业银行的效率评价：基于成本效率和利润效率的实证分析 [J]. 金融研究，2007 (12).

[77]《银行家》研究中心. 中国商业银行竞争力报告（2013）[M]. 北京：社会科学文献出版社，2013.

[78] 姚树洁，冯根福，姜春霞. 中国银行业效率的实证分析 [J]. 经济研究，2004 (8).

[79] 叶欣，郭建伟，冯宗宪. 垄断到竞争：中国商业银行业市场结构的变迁 [J]. 金融研究，2001 (11).

[80] 袁云峰，郭莉，郭显光. 基于多阶段超效率DEA模型的银行业效率研究 [J]. 中央财经大学学报，2006 (6).

[81] 张健华. 我国商业银行效率研究的DEA方法及1997—2001年效率的实证分析 [J]. 金融研究，2003 (3).

[82] 张进铭，廖鹏，谢娟娟. 不良贷款约束下的我国商业银行效率分析 [J]. 江西财经大学学报，2012 (4).

[83] 张震宇，黄筱伟，王静. 制度环境、市场结构与商人文化：决定银行业绩效的三因素研究 [J]. 金融研究，2003 (12).

[84] 赵怀勇，王越. 论银行规模经济 [J]. 国际金融研究，1999 (4).

[85] 赵翔. 银行分支机构效率测度及影响因素分析：基于超效率DEA与Tobit模型的实证研究 [J]. 经济科学，2010 (1).

[86] 赵旭．国有商业银行效率的实证分析 [J]．经济科学，2000（6）．

[87] 赵永乐，王均坦．商业银行效率、影响因素及其能力模型的解释结果 [J]．金融研究，2008（3）．

[88] 郑录军，曹廷求．我国商业银行效率及其影响因素的实证分析 [J]．金融研究，2005（1）．

[89] 周四军，胡瑞，王欣．中国商业银行 X 效率测度：StoNED 方法与超效率 DEA 方法的比较研究 [J]．统计与信息论坛，2012（4）．

[90] 周先平．商业银行混业经营效率的全球比较研究：基于三阶段 DEA 的分析 [J]．金融教学与研究，2009（4）．

[91] 邹靖．利率市场化背景下我国商业银行的经营效率研究 [D]．大连：东北财经大学，2016．

[92] 邹巍．中国商业银行规模经济的实证研究：基于 2006—2008 年面板数据模型的分析 [J]．经济经纬，2010（5）．

致　谢

本书的完成和出版，太多感谢溢于言表。感谢蒋伟杰博士、袁文潇硕士、范晓娟硕士对本书内容的丰富，感谢冯启迪博士、张新福硕士、肖迪硕士、高阳硕士对本书的整理与校对，感谢莫斌、聂禾、孟娟、曾晨光、平炀、郑雪勇、黄麟堡、邹育理、梁永佳、廖静、严伟健、余萌萌、赵婷婷、沈小力、饶育铭、蔡卉、周茜、王文博等学生，感谢学校、学院和金融系的诸位老师，特别感谢曾鑫华与高婷两位编辑对本书的认真编校。感谢国家社科基金一般项目“中国证券市场隐性交易成本测算以及运行绩效”（15BJY165）、广东省哲学社会科学学科共建项目“基于效率—全要素生产率统一框架的中国商业银行竞争力研究”（GD16XYJ12）以及广州市哲学社会科学发展“十三五”规划共建项目“经济政策不确定性及银行信贷顺周期性关系研究”（2018GZGJ18）对本书的资助与支持。

最后，感谢各位读者和所有尚未提及的相关人士。